KB274654

당신만 모르는

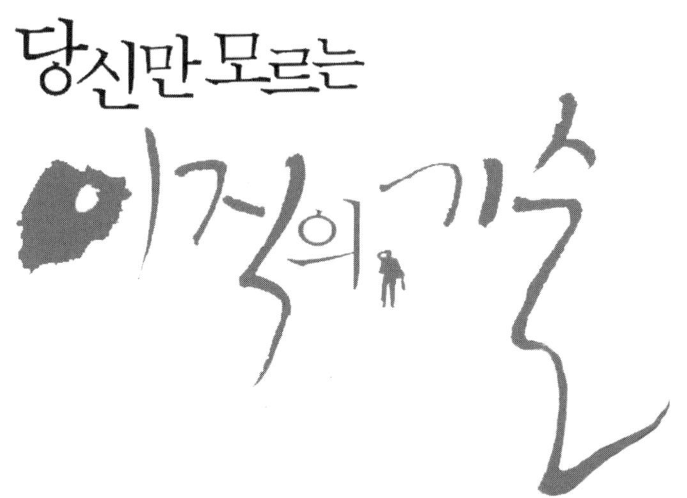

김연욱 지음

세창미디어

당신만 모르는 이직의 기술

펴낸날 ㅣ 2008년 4월 5일 초판 인쇄
        2008년 4월 10일 초판 발행
지은이 ㅣ 김연욱
펴낸이 ㅣ 이방원
펴낸곳 ㅣ 세창미디어
        주 소ㅣ 서울시 서대문구 냉천동 182 냉천빌딩 4층
        전 화ㅣ 723-8660 팩 스ㅣ 720-4579
        e-mail ㅣ sc1992@empal.com
        http://www.scpc.co.kr
        신고번호 ㅣ 제300-1998-3호

값 12,000원

잘못 만들어진 책은 바꿔 드립니다.

ISBN 978-89-5586-079-5 13710

(당신만 모르는) 이직의 기술 / 김연욱 지음.
— 서울 : 세창미디어, 2008
    220p. ; 11cm

ISBN 978-89-5586-079-5 03710 : ₩12000

325.346-KDC4
658.314-DDC21   CIP2008001005

　이른 아침 출근길에는 수많은 직장인들이 각자의 일터로 나간다. 그 많은 사람들은 출근 시간이 지나면 거리에서 보이지 않다가, 점심 시간이 되고, 퇴근 시간이 되면 다시 거리로 쏟아져 나온다. 각자의 위치에서 정말로 열심히 일하고 있는 당신들이다.

　필자는 항상 안쓰러웠다. 누가 보아도 알찬 경력과 전문적인 지식을 갖추고 있음에도 불구하고, 항상 경쟁 속에서 살아가고 있는 당신들의 모습이 안쓰러웠다.

　필자는 항상 안타까웠다. 경쟁을 뚫고 좋은 직장에서 근무를 함에도 불구하고, 항상 떠날 채비를 하고 있는 당신들의 모습이 안타까웠다.

　그 동안 필자는 여러 분야에 종사하는 직장인들의 성공적인 이직을 위하여 노력하여 왔다. 많은 고민을 함께 나누었고, 문제점들을 해결하기 위하여 애써왔다. 그러면서 필자는 생각보다 당신들에게 들려줄 수 있는 이야기가 많이 있다는 것을 알게 되었다.

당신들은 당신네들의 분야에서 소위 '잘 나가는 사람들'이다. 그리고 당신들을 원하는 회사 역시 이러한 사실을 알고 있다. 하지만 당신들은 움직임을 준비하고, 효과적으로 떠나서, 마지막으로 움직임을 마치기까지의 과정에 대해서는 아직 잘 모르는 것이 많아 보인다.

필자는 당신들의 경험, 지식, 생각, 계획 모두를 존경한다. 당신들은 우리의 과거였고, 현재이며, 미래가 될 사람들이기 때문이다. 필자가 존경하는 당신들을 위하여, 그리고 당신들의 성공적인 이직을 위하여 필자가 정리한 이직을 위한 기술들을 풀어 놓고자 한다.

당신이 준비하고 있는 '성공적인 이직'이라는 퍼즐에서 부족한 한두 개의 조각을 끼워 맞출 수 있기를 바라며….

2008년 2월 역삼동의 사무실에서
김 연 욱

1장 떠나기 전

2장 떠나는 중

3장 떠난 후

1장

떠나기 전

새해 벽두부터 작년 한해 정규직으로 채용된 신입사원 10명 중 3명은 입사한 지 채 1년도 안 돼서 퇴사를 했다는 신문 기사를 접했다. 참으로 아이러니했다. 극심한 취업난인데 말이다. 작년 한 해 필자와 함께 열심히 취업을 준비했던 지원자들도 그 중 포함이 되어 있을 거라는 생각을 하니 기분이 묘하기도 하고 아무튼 썩 깔끔하지는 않았다.

신문 기사의 내용을 조금 더 들여다보니 입사 후 1~3개월 사이에 퇴사를 한 사원이 가장 많았다. 어찌되었든 입사한 지 1년 안에 회사를 그만둔다는 것을 용기 있다고 해야 할지 무모하다고 해야 할지 모르겠다. 직원의 입장에서 본 퇴사를 한 이유로는 직무가 적성에 맞지 않기 때문이라는 의견이 가장 많았고, 회사의 입장에서 본 직원의 퇴사 이유로는 직원의 인내심이 부족해서라는 것이 주를 이루었다. 그 밖의 이유로는 연봉과 업무로 인한 스트레스 등이 꼽혔다.

내친김에 이직과 관련된 신문 기사를 조금 더 찾아보기로 했는데, 인터넷 검색 가장 첫 페이지에 나온 기사를 본 필자는 놀라지 않을 수 없었다. 위의 기사에 나온, 그러니까 입사한 지 1년 안에 퇴사를 한 직장인들 중에 무려 46%가 새 직장에 적응을 하지 못하고 1년 안에 또다시 퇴사를 했다는 것이었다. 새 직장에서 퇴사를 한 이유 역시 첫 번째 직장을 떠난 이유와 비슷했는데 근무 조건과 업무 내용, 직원들과의 마찰 등이 주 이유였다.

이직이 커리어의 한 부분으로 자리를 잡아가는 세상이 되었다. 일반 사원부터 대리, 과장, 차장, 부장은 물론이고 CEO를 포함한 임원급까지 회사를 옮긴다. 이직을 경험해 본 직장인들은 그것을 능력의 척도로 내세운다. 반면에 한 직장에서의 경력이 긴 직장인들은 그것을 최대의 강점으로 내세운다. 어느 것이 더 뛰어난 것인지는 아직 알 수 없다. 결과로 이야기를 해야 할 테니까 말이다.

지금 이 책을 손에 들고 있는 당신은 이직을 포함한 커리어가 더 좋은 결과를 가져올 것이라고 믿는 사람들이다. 아니, 반드시 그렇게 되게 만들어야 한다.

필자는 지난 수년간 많은 경력자들을 만나 왔다. 그리고 객관적인 정보를 정리하고 이성적인 판단을 내리기 이전에 자신의 마음가짐을 추스르는 과정을 거치지 않았던 지원자들의 이직은 그다지 성공적이지 못하다는 것을 알게 되었다. 즉, 자신에 대해서 진정으로 알아볼 수 있는 시간을 가지지 못했고, 계획을 한 대로 움직이지 않았던 지원자들은 이직을 한 이후에도 만족감을 느끼지 못했다.

지금부터 필자는 당신의 성공적인 이직을 위한 기술들을 함께 알아볼 것이다. 드러내놓고 이직을 하지 못하는 우리의 취업 환경에서 당신의 마음 깊은 곳에 자리잡고 있는 풀지 못한 이야기들도 함께 다루어 보고자 한다. 글을 읽고 셀프 길라잡이를 통하여 당신은 지금까지 한 번도 입 밖으로 꺼내보지 못했던 진실된 이야기들을 풀어낼 수 있을 것이다. 그런 다음에 이성적인 판단을 내리고, 객관적인 정보를 정리하는 기술을 알아볼 것이다.

당신은 지금 떠날 준비가 되었는가?

1

당신이
누구인지를
파악하라

이직을 하는 이유가 무엇이든 간에 이직을 한다는 사실 자체는 직장인들이 상당히 긍정적으로 받아들이고 있다. 그렇다면, 기왕지사 이직을 할 거라면 성공적으로 해야 하지 않겠는가? 처음 입사한 지 채 1년도 안 되어서 퇴사를 하고, 두 번째 직장에서도 또 비슷한 이유로 인하여 금방 회사를 떠날 것인가? 첫 번째 회사에서 성공을 했든 그렇지 않았든 두 번째 혹은 세 번째 직장에서는 성공적으로 근무를 해야 하지 않겠는가? 10년간 다니던 회사를 뒤로 하고 새로운 직장을 찾았다. 그 자체로 모험일 수 있다. 원하는 곳으로의 이직에 성공하지 못한다면 10년간 일한 모든 것에 대한 보상을 받을 수 없다.

이 글을 읽고 있는 당신은 경력자이고, 지금 이직을 준비하고 있다. 바늘구멍을 뚫은 낙타가 된 이후로 지금까지 앞만 보고 달려왔다. 가끔 지치기도 했지만, 당신이 할 일을 게을리 한 적은 없었다. 처음에는 새로운 환경과 사람들, 그리고 업무에 적응하느라 시간 가는 줄도 몰랐다. 적응을 마친 후에는 일을 즐기고 사람들과의 만남을 즐기느라 주위의 다른 것들이 어떻게 돌아가는지 신경 쓸 겨를도 없었다. 그렇게 몇 년의 시간이 흐른 뒤 어느 순간 당신을 되돌아 볼 기회가 생긴다.

'남들은 나를 경력자라고 부른다. 일을 잘한다고 칭찬도 해주고 상도 준다. 문득 뒤를 돌아보니 내가 쌓아온 것들이 꽤 된다. 업무에 대한 경험과 지식, 노하우도 나름대로 갖추고 있다. 남들도 그렇게 인정을 하는 분위기이다. 하지만 신입 때의 열정이나 도전 정신 등은 어느새 routine(판에 박힌 일, 일상의 일)이라는 무서운 감옥에 갇히고 말았다. 모든 일이 너무 익숙해서 새로운 재미를 찾기가 어렵다. 그리고 나보다 못하다고 생각했던 사람들이 더 좋은 조건으로 다른 직장으로 옮겨가기 시작한다. 나에게도 여기저기서 좋은 제안들이 날아든다. 슬슬 자신감이 생긴다. 내 몸값을 좀 올려볼까? 마치 FA 자격을 얻고 스토브 리그를(stove league : 프로 야구의 한 시즌이 끝나고 다음 시즌이 시작되기 전까지의 기간. 계약 갱신이나 트레이드가 이루어지는 기간으로 스토브를 둘러싸고 팬들이 평판을 한다는 데서 생긴 말) 맞이하고 있는 야구 선수가 된 기분이 든다. 자, 그렇다면 한번 해보자. 더 좋은 조건을 제시하는 곳으로 한번 움직여보자. 나는 경력이 있고 그 만큼의 능력과 자질이 있으니까 이직쯤은 식은 죽 먹기겠지. 쉽게 쉽게 생각하고 되는대로 한번 준비를 해보자.'

당신에게 경력이 있다고 해서, 단지 그 이유만으로 어디로든지 쉽게 움직일 수 있다는 생각을 하고 있다면 당신은 지금 이직을 준비하는 경력자에게 필요한 최소한의 마음가짐조차 갖추고 있지 못하다. 갖추어야 할 마음가짐은 수백만 가지도 넘는다. 지금 이야기하고자 하는 것은 그 중에서 아주 최소한의 것들이다.

최소한의 마음가짐을 갖추고 싶다면 우선 당신이 누구인지를 분석하라. 왜? 당신을 알아야 당신을 팔 수 있으니까. 너무 진부하다고? 그렇다면 이렇게 한번 바꿔보자. 당신을 알리지도 않고 남이 당신을 알아주기를 기대하지 말라고.

지원 회사에서 당신을 평가하는 사람은 그저 당신보다 조금 더 일찍 직장 생활을 시작한 사람들일 뿐이다. 아니면 사람을 평가하는 일을 처음부터 해왔을 뿐이지 그들은 초능력자나 독심술을 부리는 사람들이 아니다. 당신이 누구인지를 알아서 파악해주지 않고, 당신의 경쟁력이 무엇인지도 알아서 찾아주지 않는다. 남이 나를 알아주지 못하기 때문에 내가 나를 먼저 알아야 한다. 그래야 내가 누군지 남에게 말을 해 줄 수 있으니까.

"내 이름은 김연욱이다. 나는 짠돌이이고, 운동을 좋아하고, 4년 전에 결혼해서 작년에 딸아이를 얻었다. 자동차는 2년 전에 할부로 구입했고, 주량은 소주 2병이며, 하루 반 갑의 담배를 피운다. 축구를 너무 좋아해서 박지성과 이영표의 경기는 아무리 늦은 시간이라도 시청을 하고, 노래방에서는 발라드를 주로 부르는 편이다."

상당히 소소한 내용의 필자에 대한 설명이다. 이러한 정보들로도 사람을 파악할 수는 있다. 하지만 이것은 취업용이 아니다.

당신의 아들이나 딸에게 당신은 아빠이거나 엄마이다. 당신의 부모님에게 당신은 아들이거나 딸이다. 옆집 철이한테 당신은 아저씨이거나 아줌마이다.

그리고 취업 시장에서 당신은 ○○기업 ○○부서의 ○○○이다. 당신은 ○년의 경력을 가지고 있고 지금 이직을 준비중에 있다.

이것이 이직을 하는 경력자의 입장에서 가장 첫 번째로 시작해야 할 자신에 대한 파악이다. 쉽다. 그런데 이건 아직 시작에 불과하다.

나는 지금 무엇을 하고 있는가?

내가 누구인지를 파악하는 가장 첫 번째 단계는 내가 지금 무슨 일을 하고 있는지를 파악하는 것이다. 왜? 나는 지금 이직을 준비하고 있는 경력자이니까. 경력자라는 말을 한번 풀어보면 내가 지금 무엇을 하고 있는지가 왜 중요한지 그 이유를 보다 명확하게 알 수 있을 것이다.

경력자(經歷者)란 사전적인 의미로 일정한 경력이 있는 사람을 뜻한다. 經歷 + 者, 즉 경력과 사람을 합한 말이다. 내가 사람이라는 것은 다 알고 있다. 물론 이 사람이라는 단어도 어떤 사람인지를 알릴 수 있는 방법이 있다. 이 부분은 2장의 자기 소개서 작성 부분에서 보다 상세하게 다루어 보도록 하겠다. 그럼 이제 남은 단어는 '경력'이다. "나는 지금 무엇을 하고 있는가"로 '경력'이라는 단어를 대체해보자. 이렇게 나온다. "나는 지금 무슨 일을 하고 있는 사람인가?"

당신이 지금 무슨 일을 하고 있는지를 경력자답게 답변하기 위해

서는 당신이 하고 있는 일을 당신만의 언어로 정의 내릴 수 있어야
한다.

당신은 마케팅 경력자이다. 누군가가 묻는다.

"마케팅은 무엇입니까?"

당신이 대답한다.

"생산자가 상품 또는 서비스를 소비자에게 유통시키는 데 관련된
모든 체계적 경영 활동이요."

이게 아니라는 거다. 이건 사전에 있는 말이다.

혹자는 이렇게 답변한다.

"마케팅이란 소비자가 제품을 구매할 수 있도록 유도하기 위하여
효과적인 방법으로 제품을 소비자에게 알리고 시기 적절한 서비스
를 통하여 판매를 지속하게 하는 활동입니다. 마케팅에서는 기존의
시장을 있는 그대로 분석하는 것도 중요하지만, 새로운 시장을 개척
하는 것 또한 중요한 마케팅 활동 중 하나라고 할 수 있겠습니다."

앞의 답변보다 상세하기는 하지만 이것도 어딘지 모르게 이론으
로만 무장을 한 경력자의 답변처럼 들린다.

당신은 경력자이고, 마케팅을 직접 경험해본 사람이다. 경험해 보
지 않은 사람이 정의 내리는 마케팅과는 차이가 있어야 하지 않겠는
가? 내가 몇 년간 해온 일인데 그걸 당신만의 언어로 정의 내릴 수
없다는 것은 명백한 오류이다.

경력 5년차의 한 마케팅 담당자는 마케팅을 다음과 같이 정의 내
렸다.

"마케팅은 소비자들을 현혹시켜서 제가 담당하는 제품 혹은 서비
스에 대한 긍정적인 인지와 호감을 가질 수 있도록 하는 중장기적인

활동입니다. 여기에서 소비자들을 현혹시킨다는 의미는 소비자들을 기만한다는 뜻이 아닙니다. 최근에는 소비자들이 필요로 하는 needs가 실질적으로 존재하지 않기 때문에, 소비자들이 필요로 하지 않는 제품이나 서비스가 마치 그들에게 반드시 필요한 것처럼 현혹시켜서 시장의 수요를 창출해 낸다는 뜻입니다. 또한 마케팅이 중장기적인 활동이라고 말씀을 드린 이유는 마케팅은 영업처럼 단기적인 판매 증가보다는 중장기적으로 소비자의 선호도를 지속적으로 이끌어 나갈 수 있어야 하기 때문입니다."

모 주류 회사에서 마케팅을 담당하고 있는 서 부장의 정의는 다음과 같았다.

"마케팅은 하나의 제품 혹은 서비스를 소비자들이 떠올렸을 때 특정 이미지가 떠오를 수 있도록 제품이나 서비스에 생명을 불어 넣어 주는 작업입니다. 예를 들어서 소비자가 ○○맥주라는 브랜드 이름을 들었을 때 땀을 흘리면서 열심히 운동하는 남성의 이미지가 떠오른다면, 그 브랜드는 마케팅적으로 보았을 때 소비자들에게 기업이 원하는 이미지를 성공적으로 심어 주었다고 볼 수 있습니다."

현실적이다. 이론으로만 무장한 정의가 아니라, 실무에서 일하면서 경험한 다소 거칠지만 리얼한 자신만의 생각이나 느낌을 담고 있다.

자, 이 정도의 답변은 나와야 마케팅 경력자라고 할 수 있지 않을까?

내가 하는 일이 무엇인지를 정확하게 파악해야 하는 또 다른 이유는 이것이 앞으로 내가 해야 할 일이기 때문이기도 하다. 지금 내가 하는 일도 제대로 파악하지 못하고, 나만의 언어로 정의를 내릴 수도 없는데, 이직을 해서 그 일을 열심히 할 수 있다고 주장하는 것은 문제가 있다.

"당신은 지금 무슨 일을 하고 있습니까?"

당신이 대답한다.

"마케팅이요."

"그럼 당신은 우리 회사에서 어떻게 일을 하고 싶습니까?"

"마케팅을 열심히 하고 싶습니다."

당신은 당신이 지금 무슨 일을 하고 있는지를 파악한 만큼만의 답변을 할 수 있다. 당연하다. 현재 당신의 업무를 정확하게 이해하지 못한다면, 그 일이 얼마나 중요한지, 당신이 얼마나 중요한 사람인지, 그리고 지원 회사에서 왜 당신을 뽑아야 하는지 등에 대한 모든 이유를 제시할 수 없을 것이다. 당연히 이직 후에 어떻게 일을 할 것인지에 대한 계획 역시 적절하게 설명하지 못하게 된다.

당신이 지금 무슨 일을 하고 있는지를 파악하는 것은 결국에 이성적으로 판단 내리고 객관적인 정보를 정리하는 과정으로 이어질 것인데, 첫 단추를 잘 끼우지 못한다면 앞으로 준비해야 할 모든 과정을 원활하게 진행하기 어려울 것이다.

당신은 지금 도대체 무슨 일을 하고 있는 사람인가?

나는 누구인가?(회사, 부서, 직급, 이름 등) :

나는 지금 무슨 일을 하고 있는가? :

내가 지금 하고 있는 일에 대한 정의를 당신만의 언어로 내리자. :

내가 지금 하는 일이 얼마나 중요한가?

셀프 길라잡이를 통하여 내가 무슨 일을 하는 사람인지를 파악하였다면, 그 다음으로 할 일은 내가 지금 하는 일이 얼마나 중요한지를 파악하는 것이다.

필자는 박지성 선수를 좋아한다. 그의 플레이는 화려하지 않다. 같은 팀 동료인 크리스티아누 호나우두처럼 그림 같은 발놀림을 보여주지도 않고, 웨인 루니와 같은 골 결정력이 있는 것도 아니다. 하지만 박지성 선수는 엄청난 패스 성공률을 바탕으로 한 꾸준한 플레이를 보여준다. 그 자체로는 눈에 확 띄지 않지만 그가 없는 경기에서 그의 필요성은 여실히 드러난다. 그는 확실히 팀에 많은 공헌을 하는 선수이다.

내가 지금 하고 있는 영업은 나의 회사에 왜 중요한가? 내가 열심히 일을 하고 실적을 올림으로써 나 개인뿐만 아니라 회사에 어떠한 영향을 끼치고 있는가? 개인적으로는 인센티브도 받고 승진도 할 수 있다. 하지만 더욱 중요한 것은 회사에 대한 나의 공헌도가 어느 정도나 되는가 하는 것이다. 회사의 성장을 100으로 보았을 때 내가 이루어낸 실적이 그 100을 만드는 데 어느 정도나 기여를 하고 있는가? 나는 박지성인가, 호나우두인가, 루니인가? 어떤 포지션에서 플레이를 하고 있는가? 이것을 파악해야지 내가 하고 있는 일이 얼마나 중요한지를 정확하게 알려줄 수 있다.

박 대리는 현재 비누 제품의 마케팅을 담당하고 있다. 박 대리의 말을 빌리자면, 이 비누 제품은 현대 사회에서 사장 산업이라고까지 생각하고 있는 제품이라고 한다. 따라서 기존의 비누 마케터들은 더

이상의 큰 투자도, 혁신적인 변화도 없을 만한 시장이라고 생각해
왔다.

하지만 박 대리는 그들의 의견에 동의할 수 없었다. 그들이 담당
하고 있는 마케팅이라는 업무를 너무나도 과소평가하고 있다는 생
각이 들었다. 그러한 생각 자체가 큰 투자나 혁신적인 변화를 막아
오고 있었는지도 모른다고 생각했다. 박 대리는 자신이 수행하는 마
케팅이라는 업무가 회사의 이익 창출을 위한 한 부분이라는 점에 자
긍심을 가지고, 남들이 침체기라고 말하는 비누 시장의 부흥을 위한
사명감을 가지고 열심히 일했다. 그 결과, 자신이 담당하는 제품이
출시된 이래 10년 만에 최고의 매출을 달성하는 데 큰 공헌을 하였
고, 일반 대중 비누 시장에서 생각해 보지도 않았던 다양한 신제품
들을 출시함으로써 회사는 물론 업계에서도 인정을 받는 마케터로
성장을 하였다.

이 이야기를 들은 후에 필자는 다음과 같은 질문을 던졌다.

"박 대리님이 담당하고 있는 마케팅이라는 업무는 얼마나 중요한
일입니까?"

박 대리는 주저 없이 다음과 같이 답변했다.

"저는 마케터를 오케스트라의 지휘자라고 말씀 드리고 싶습니다.
마케터는 오케스트라의 지휘자처럼 생산, 물류, 영업, 디자인, R&D
등 모든 관련 부서의 움직임을 잘 컨트롤해야 하고, 모두가 다 같이
연주를 할 때 최고의 공연이 가능하도록 시기 적절하게 관리해야 하
기 때문입니다. 마케팅을 마케팅이라는 업무 자체로만 볼 것이 아니
라 제가 함께 일하고 있는 관련 부서의 업무 특성을 파악하고, 그들
과 항상 좋은 관계를 유지하면서 업무를 진행해 나가야 한다는 뜻입

니다. 아마도 마케팅뿐만이 아니라 다른 어떤 업무도 마찬가지일 거라고 생각합니다.”

필자는 자신의 업무가 얼마나 중요한지를 이토록 잘 파악하고 있는 박 대리가 회사 내에서는 어떤 사람으로 평가를 받고 있는지 궁금했다.

“박 대리님은 회사 내에서 자신의 위치가 어느 정도인지를 어떻게 파악할 수 있습니까?”

“신입사원들이 들어오면 으레 저에게 보냅니다. 한창 바쁜 와중에 신입사원들이 찾아와서 제 앞에서 멀뚱하게 서 있으면 제가 묻죠, 무슨 일로 왔냐고. 그러면 부장님이 보내서 왔다고 말합니다. 마케팅팀 박 대리가 하루 종일 어떻게 일하는지를 보고 배우라고요. 아, 또 하루는 공장에서 미팅을 마치고 돌아왔는데 마케팅 회의에 좀 늦었습니다. 그런데, 상무님이 저를 기다리고 계시더라고요. 저 말고 팀장님도 계시고 선배님들도 계신데 저의 의견을 듣고 싶다고 하시더군요. 하하, 이런 일이 있을 때마다 팀에서 그리고 회사에서 저의 위치가 어느 정도는 되는구나 하는 것을 피부로 느낄 수 있습니다.”

이렇게 내가 지금 하는 일이 얼마나 중요한지 파악하게 되면 결과적으로 내가 왜 중요한 사람인지 파악할 수 있다. 그 중요한 일을 하는 사람은 바로 당신이기 때문이다. 그리고 우리는 지금 내가 누구인지를 파악하고 있는 중이다. 내가 하는 일이 무엇이고 그 일이 얼마나 중요한지, 그리고 궁극적으로 내가 얼마나 중요한 사람인지는 따로 분리하여 설명하기 어렵다. 모든 부분이 꼬리에 꼬리를 물고 연결되어 있기 때문이다. 반대로 말하면 내가 하는 일을 정확하게 파악하면 자연적으로 그 일의 중요성과 나라는 존재의 중요성을 자연스럽게 알아낼 수 있다는 뜻이 된다.

○○ 업무를 하고 있는 당신의 일은 회사에서 얼마나 중요하고, 당신의 위치는 어느 정도인가?

셀프 길라잡이　　내가 지금 하는 일이 얼마나 중요한가?

나는 회사에 어느 정도의 공헌을 하고 있는가? :

내가 하는 일이 회사의 사업에 중요하다고 생각하는 이유는? :

나의 위치를 가늠해 볼 수 있는 에피소드 :

나는 진정으로 열심히 일했는가?

경력자가 이직을 하는 이유로는 앞에서도 알아본 것처럼 업무와 관련된 것이 가장 많다. 조금 더 파고들어 보자면, 현재 하고 있는 일에 대한 만족도가 낮아서라는 이유와 자신의 능력을 인정받지 못해서라는 이유가 주를 이룬다. 또 직장 내 인간관계에서 발생하는 문제들도 중요하게 거론이 되는데 대부분이 상사와의 갈등 때문이다. 직장 상사와 성격이 맞지 않다거나, 상사가 자신의 능력을 인정해주지 않아서, 일이 너무 많아서라는 것들이 다수의 의견이다. 그리고 추가적으로 자신들의 상사가 리더십, 코칭 능력, 솔선수범하는 태도, 문제해결 능력 등을 더 갖추어 주기를 바란다.

필자는 이러한 통계를 역으로 한번 생각해 보고자 한다.

만약에 당신이 이직을 원하는 이유가 일에 대한 만족도가 낮거나 당신의 능력을 인정받지 못해서라면 당신은 지금 그만큼 열심히 일을 하고서 이런 이유를 제시하고 있는 것인가? 그러니까 진정으로 지금까지 최선을 다해서 일을 했는데도 불구하고 일을 더 이상 즐기지 못하거나 인정을 받지 못하고 있느냐는 말이다. 가슴에 손을 얹고 진짜 솔직하게 그렇다고 말할 수 있는지를 생각해 보아야 할 것이다.

상사들에 대한 의견 역시 마찬가지이다. 상사와 성격이 잘 맞지 않는다는 것을 당신의 잘못이라고 생각해 본 적은 있는가? 내가 상사를 맞추려고 조금 더 노력하려고 생각해 본 적은 있는가? 혹시 제시간에 일을 마무리하지 못하기 때문에 상대적으로 업무량이 많다고 느끼는 것은 아닌가?

어떤 경력자는 아직 후배가 없을 수 있지만 연차가 어느 정도 된다면 최소한 상사와 후배의 중간 정도에는 위치하고 있을 것이다. 그렇다면, 내가 상사를 싫어하는 똑같은 이유로 내 후배도 나를 상사로서 싫어하고 있지는 않은지 생각을 해본 적이 있는가? 나는 내 후배를 잘 이끌고, 모르는 부분을 잘 알려주며, 솔선수범하는 자세를 보여 왔는가? 혹시 내가 회사를 떠나는 똑같은 이유를 나의 후배에게도 주고 있진 않느냐는 말이다.

내가 진정으로 열심히 일을 했는지가 중요한 또 한가지 이유는 내가 할 수 있는 것을 말하기 위해서이다. 기업은 경험과 전문성을 갖춘 경력자를 원한다. 그리고 경력이 있다는 것은 해보지 않고서 할 수 있다고 말하는 것이 아니라 해봤다는 것을 바탕으로 할 수 있는 것을 말하는 것이다. 따라서 내가 해봤다는 것을 바탕으로 앞으로 할 수 있는 것을 말하려면 내가 정말로 진정으로 열심히 일했는지를 먼저 따져봐야 할 것이다.

열심히 일하지 않는 사람은 이직도 하지 말라는 뜻은 절대로 아니다. 단, 업무와 관련된 이유로 혹은 상사와의 갈등으로 이직을 한다는 것을 이유로 내세우지는 말라는 것이다. 진정으로 열심히 일하지 않은 상태라면 이러한 것들을 이유로 내세워서 이직을 할 자격이 없다고 본다. 어느 영화에 나온 유명한 대사처럼 '비겁한 변명'이 될 가능성이 높다.

결과적으로 이것은 당신 자신을 위하는 길이기도 하고, 현재 당신의 회사를 위하는 길이기도 하고, 지원 회사를 위하는 길이기도 하다. 당신에게는 위와 같은 이유가 아닌 보다 확실한 이직의 계기를 만들어 줄 것이고, 현재 당신의 회사에는 더 열심히 일할 당신으로

부터 보다 많은 이익을 얻게 될 것이고, 지원 회사는 당신보다 더 열심히 일한 지원자를 선택하게 될 것이다. 더 나아가서 당신은 열심히 일한 후에 충분한 배경을 바탕으로 보다 만족스러운 이직을 하게 될 것이다.

더 많은 이직의 기술을 알아보기 전에 지금 이 시점에서 한번 심각하게 생각을 해보자. 나는 진정으로 열심히 일해왔는지. 자기 자신에게 이직을 해도 될 만큼 열심히 일을 했다는 자격을 부여한다고 생각하고 셀프 길라잡이를 통하여 알아보도록 하자.

셀프 길라잡이   나는 진정으로 열심히 일했는가?

나는 현재 업무와 관련된 어떤 불만이 있는가? :

나는 상사나 후배와 어떤 갈등이 있는가? :

그 불만이나 갈등을 해결하기 위하여 어떤 노력을 하였는가? :

내가 진정으로 열심히 일을 해왔다고 느낄 수 있는 에피소드는? :

나는 지금 바른 방향으로 가고 있는가?

"100m 전방에서 좌회전입니다."

처음 네비게이션을 사용했을 때 필자는 운전이 더 어려웠다. 100m 전방에서 좌회전을 하라고 이렇게 친절하게 길을 안내해주는데 왜 그랬냐고? 100m 전방이 도대체 어느 정도나 되는지를 잘 몰랐기 때문이다.

운전을 하는 많은 사람들은 네비게이션을 장착해 놓고 길 안내를 받는다. 정말 좋은 세상이 온 것이다. 이제 교통이 원활한 빠른 길을 찾아 목적지에 무사하게 도착하는 일쯤은 최소한 당신이 신경을 쓰지 않아도 된다.

지금 당신의 네비게이션에 지정해놓은 가장 먼 도착점까지의 거리는 얼마나 되는가? 출발점에서 몇 시간이나 걸리는가? 작년 추석에 서울에서 부산까지 10시간 정도가 걸렸다고 한다. 최장 시간을 10시간으로 보자. 이 10시간이 걸리는 거리를 가는데 사람들은 네비게이션에 의존한다. 더 빠른 길로, 더 안 막히는 길로 목적지까지 무사히 가기 위해서. 심지어는 1시간도 채 걸리지 않는 목적지에 가기 위해서도 이 네비게이션에 의존한다.

당신이 20대 중반에 일을 시작한다고 가정하고, 약 30년 정도를 일한다고 보자. 최대한 많이 잡아본 것이다. 60분도 안 걸리는 거리를 가기 위해서도 가장 좋은 길을 찾는 당신이다. 30년 동안 갈 길을 위해서는 어떤 지도를 준비해 놓고 있는가? 소위 당신만의 커리어 패스(career path)를 설계해 놓았냐는 뜻이다.

다음과 같은 커리어 패스를 정해 놓은 사람이 있다.

A 중소기업 신입 입사	3년 ➡	B 대기업 경력 이직	5년 ➡	MBA 취득	2년 ➡	C 외국계 기업 경력 이직

표에서 보는 것과 같이 A 중소기업에 신입으로 입사한 후에 향후 10년간의 커리어 패스를 설계해 놓고 있다. 이 지원자에게 3년 후에 B 대기업으로 이직을 한다는 것은 본인의 커리어 패스에 이미 정해져 있는 사실이다. 반드시 꼭 3년이 되어야 한다는 뜻이라기보다는

3년 즈음 되었을 당시에, 그러니까 그만큼의 경력을 통한 능력과 자질을 갖춘 후에 더 큰 조직으로 옮길 계획이 있다는 뜻이다. 장기적인 안목을 갖춘 것이다.

따라서 위의 경력자는 이직을 생각하기 전에 자신이 자신의 분야에서 어느 정도의 전문성을 갖추었는지를 능동적으로 판단할 것이다. 자신이 미리 설계해 놓은 3년 후에 이직을 한다는 커리어 패스를 따라가기 위함이다. 만약에 3년 후에 그러한 전문성을 갖추지 못했다면 스스로 부족한 점을 분석하게 될 것이다. 그리고 미리 정해놓은 목표를 이루기 위하여 조금 더 분발할 것이다.

위의 경력자가 본인이 설계해 놓은 커리어 패스를 따르지 않고 단지 연봉을 많이 올릴 수 있는 기회를 잡고자 A 중소기업 입사 후 1년 안에 다른 곳으로 이직을 했다고 가정해보자.

A 중소기업 신입 입사	1년 →	B 중소기업 경력 이직	1년 →	A 대기업 경력 이직	8년 →	B 대기업 경력 이직

처음 직장에서 1년 안에 이직을 하였으나 두 번째 직장의 업무와 환경을 제대로 파악하지 못하였기 때문에 원활하게 적응을 하지 못했다. 그곳에서 1년을 일한 후에 다시금 새로운 직장을 찾게 되었고, 우여곡절 끝에 A 대기업에 이직을 하게 된다. 하지만 당초 목표로 했던 B 대기업으로 옮기기까지는 아직 부족한 것이 많았다. 그도 그럴 것이 짧은 기간에 두 번이나 이직을 경험했기 때문에 A 대기업에서는 안주하려는 생각으로 오래 근무를 하게 되었다. 또한 목표했던 B 대기업으로 움직일 수 있을 만한 배경이 갖추어지지 않았다.

10년 후 C 외국계 기업을 목표로 했던 이 경력자는 당초 두 번째 목표였던 B 대기업에 머무르고 말았다. 물론 이것은 결과론을 바탕으로 가정을 해본 것이지만 실제로 본인의 커리어 패스를 따르지 않을 경우에는 비슷한 결과를 초래할 확률이 높은 것은 사실이다.

반드시 미리 정해 놓은 커리어 패스를 따라가야 하는 것은 아니다. 이 커리어 패스는 수시로 변화할 수도 있다. 길이 막히면 네비게이션은 목적지까지 갈 수 있는 더 빠른 길을 안내해준다. 마찬가지로 일을 하는 도중에 본인에게 더 잘 맞는 목표가 생기면 수정이 가능하다. 중요한 것은 경력의 연차나 이직의 횟수, 교육의 유무가 아니다. 바로 그만큼의 능력과 자질을 갖추었는가 하는 것이다.

뛰어난 업무 적응과 실적을 바탕으로 A 중소기업 입사 1년 안에 남들이 3년 안에 이룰 수 있는 것을 이미 이루었을 수도 있다. 혹은 A 중소기업에서 3년이 넘게 일을 했다면 바로 C 외국계 기업으로 움직일 수 있었을지도 모른다. 커리어 패스를 미리 정해 놓는 이유는 일을 해보기 이전에 이때쯤이면 움직일 수 있는 바탕이 마련될 것이라고 예상하기 위함이다. 그리고 그 예상이 맞을 경우에는 그대로 움직이면 되는 것이고, 더 좋은 길을 찾을 수 있다면 그렇게 하면 되는 것이다.

하지만 꼭 기억해야 할 것이 있는데, 그것은 바로 도착점을 변경하지 않는 것이다. 처음 출발점에서 혹은 중간 지점에서 1° 벗어난 각도는 당신을 전혀 다른 도착점에 이르게 한다. 따라서 지금 회사에서 당신이 이루고자 하는 것은 무엇인지, 어느 정도를 이룬 후에 움직일 것인지, 혹 그냥 지금의 회사에서 매니저나 임원이 되는 것이 자신이 진정 원하는 것은 아닌지 등에 대한 계획을 미리 세워둘 필요가 있는 것이다.

그렇게 되면 그 장기적인 목표 안에서 만들어진 단기적인 목표를 이루기 위해서 당신이 지금 무엇을 해야 할지를 명확하게 파악할 수 있을 것이다.

최소한 당신은 좌회전을 해야 할 100m 전방이 어디인지는 알 수 있게 될 것이다.

나는 지금 바른 방향으로 가고 있는가?

3년 후 나의 목표는 무엇인가? :

5년 후 나의 목표는 무엇인가? :

10년 후 나의 목표는 무엇인가? :

언제쯤 이직을 할 계획인가?(왜 그 시기라고 예상하는가?) :

왜 나를 필요로 하는가?

지금 내가 누구인지를 이렇게 알아보는 이유는 궁극적으로는 내가 무엇을 해줄 수 있는지를 찾기 위함이다. 그런데 내가 무엇을 해줄 수 있는지를 보다 정확하게 알기 위해서는 왜 나를 필요로 하는지를 먼저 알아야만 한다. 말 그대로 나를 필요로 한다는 뜻이 아니다. 지원 회사에서 내가 누군지 알고 나를 콕 집어서 필요하다고 하겠는가? 왜 '나를 필요로 하는가'라는 뜻은 '나의 어떤 경력과 능력, 자질, 배경에 관심이 있는가'를 말하는 것이다. 정리하자면 지원 회사에서 필요로 하는 것은 내가 아니라 자신들이 원하는 경력과 능력, 자질, 배경을 갖춘 사람이다. 내가 그 사람이 될 수 있을지를 알아보자는 뜻이다.

당신에게 빨, 주, 노, 초, 파, 남, 보의 7가지 경력과 능력이 있다고 치자. 한 회사에서 경력자를 찾고 있는데, 빨간색이라는 경력과 남색이라는 능력을 갖춘 사람을 필요로 하고 있다. 지금 그들에게는 빨간색 경력과 남색 능력을 갖춘 사람이 없다는 뜻이다. 혹은 추가적으로 그러한 경력과 능력을 갖춘 사람이 필요하다는 뜻이다. 하지만 이러한 사실을 파악하지 못한다면 내가 가지고 있는 7가지 능력 중에서 주황색이라는 경력과 보라색이라는 능력에 집중할지도 모른다. 지원 회사에서 찾고 있는 능력과 경력을 갖춘 사람임에도 불구하고 이러한 사실을 부각시킬 수 없을지도 모른다.

반대로 당신은 주, 노, 초, 파, 보의 5가지 경력과 능력만을 갖추고 있을 수도 있다. 빨간색이라는 경력과 남색이라는 능력을 갖추고 있지 못하다면, 다른 지원자에 비하여 충분한 경쟁력을 갖추고 있지 못한 것이라고 볼 수 있다. 5가지의 색깔을 혼합하여 빨간색과 남색을 만들어 낼 수는 있다. 하지만 순수한 빨간색과 남색을 갖춘 지원자가 나타난다면 성공적인 이직은 그 사람의 몫이 되고 말 것이다.

족집게 선생님이 좋은 이유는 무엇인가? 시험에 나올 만한 문제들을 콕콕 짚어준다. 그러니까 다른 부분을 공부할 시간에 이 족집게 선생님이 알려준 부분에 더 많은 시간을 투자할 수 있다. 시험 범위 50페이지를 다 공부할 필요가 없다. 공부를 잘 하는 학생은 스스로 족집게 선생님이 되어서 시험에 나올 확률이 높은 문제에 집중한다. 이것이 공부 잘하는 학생과 잘 못하는 학생과의 차이점이다. 스스로 공부 잘하는 학생이 되어보자.

나의 어떤 경력과 능력, 자질, 배경에 관심이 있는가를 알기 위해서 일반적인 정보만으로는 부족할 수 있다. 따라서 지원 회사에서 요구하는 내용이 담긴 채용 공고나 직종 및 업무에 대한 설명을 바탕으로 분석을 하는 것이 가장 효과적이다. 그럼, 채용 공고에 1 : 1식으로 대입을 해보는 과정을 통해서 왜 나를 원하는지를 분석해보자.

강 대리는 다음과 같은 경쟁력을 갖추고 있다. 다음 표를 통하여 지원 회사에서 필요로 하는 경쟁력과 비교해보자.

〈지원자와 지원 회사의 경쟁력 비교〉

강 대리의 경쟁력	지원 회사에서 필요로 하는 경쟁력
중소기업에서 3년간의 직장 생활	대기업의 직장 경험
사업 기획 경력	신규사업 기획 경력자
회계 관련 자격증	기본적인 회계 및 마케팅 지식
영어 문서 작성에 능통	일본어 의사 소통 능력
해외 연수와 우수 사원 표창	회사 매출에 대한 공헌도 높은 자

- 중소 기업에서 3년간의 직장 생활 : 지원 회사에서는 대기업에서의 경험을 필요로 하고 있다. 우선 강 대리가 집중할 수 있는 경쟁력은 아니다.
- 사업 기획 경력 : 강 대리의 사업 기획 경력에는 신규사업 프로젝트를 담당했던 경력이 포함되어 있다. 적극적으로 내세울 수 있는 부분이다.
- 회계 관련 자격증 : 지원 회사는 기본적인 회계 및 마케팅 지식이 있는 자를 필요로 한다. 강 대리는 회계 관련 자격증을 바탕으로 한 기본적인 회계 지식을 제공할 수 있다.
- 영어 문서 작성에 능통 : 지원 회사는 일본어 의사 소통 능력이 뛰어난 자를 원하고 있다. 영어는 기본적으로 자신이 있지만 강 대리는 일본어에 대한 능력은 상당히 기초적인 수준일 뿐이다.
- 해외 연수와 우수 사원 표창 : 공헌도가 높다는 것을 객관적으로 증명할 수 있는 연수와 표창이라는 확실한 증거를 제시할 수 있다. 이 역시 적극적으로 내세울 수 있는 경쟁력이라고 볼 수 있다.

자, 정리를 해보자.

지원 회사에서는 대기업에서 신규사업 기획의 경력이 있고, 기본적인 회계 및 마케팅 지식을 갖춘 사람을 필요로 한다. 일본어 의사 소통 능력을 갖춘 사람을 원하는 것으로 보아서 일본 쪽의 진출을 계획하고 있는 것으로 보인다. 당연히 회사 매출에 공헌을 할 수 있는 능력과 자질을 갖춘 사람이어야 한다.

만약에 강 대리가 지원 회사에서 필요로 하는 경쟁력을 알지 못했다면 어떻게 되었을까? 그랬다면 강 대리는 지원 회사에서 강 대리의 어떤 경력과 능력, 자질, 배경에 관심이 있는지를 절대로 알지 못했을 것이다. 중소기업에서의 경험을 적극적으로 내세웠을 것이고, 신규사업의 경력에 초점을 맞추지 못했을 것이다. 또한 회계 관련 자격증은 크게 도움이 되지 않을 것이라는 판단으로 이력서에 작성하지 않았을 수도 있고, 영어 문서 작성 능력을 크게 부각시켰을 수도 있다.

나의 어떤 경력과 능력, 자질, 배경에 관심이 있는지, 그리고 나는 그것을 갖추고 있는지를 알아야만 지원 회사에서 왜 나를 필요로 하는지를 알고 거기에 맞춰서 나의 경쟁력을 전달할 수 있을 것이다.

지원 회사는 왜 당신을 필요로 한다고 생각하는가? 당신의 어떤 능력과 자질에 관심이 있다고 보는가?

왜 나를 필요로 하는가?

나의 경쟁력을 모두 나열 :

지원 회사에서 원하는 경쟁력을 모두 나열 :

공통되는 부분 찾기 :

나는 무엇을 해줄 수 있는가?

그런데 중요한 것은 단순하게 지원 회사가 왜 나를 필요로 하는지를 파악하는 것으로 끝나서는 안 된다는 것이다. 그렇게 되면 좋은 상품의 세부적인 정보를 파악하고도 물건을 판매하지 않는 것과 같다. 아무리 지원 회사에서 필요로 하는 것을 알아냈다고 하더라도 내가 무엇을 해 줄 수 있는지를 적극적으로 설명하지 않는다면 아무런 소용이 없다. 중요한 것은 이직을 해야 하는 것이니까 나를 적극적으로 팔기 위한 행동을 시작해야 한다.

나를 어떻게 파는가? 상품의 가격을 제시하듯이 나의 희망 연봉을 제시하는가? 그렇지 않다. 내가 무엇을 해 줄 수 있는지를 알림으로써 내가 팔리도록 만들어야 한다.

피부에 무조건 좋다고 당신이 만든 화장품을 사라고 강요한다면 그것은 강매이다. 하지만 당신이 만든 화장품의 좋은 점을 파악하여 적극적으로 전달한 후에 판매를 권유하게 되면 소비자는 물건을 사게 된다. 왜? 이 화장품을 사용함으로써 내 피부가 좋아질 것이라고 믿기 때문이다. 나에게 좋을 것이라는 기대감이 생기게 되면 사지 말라고 말려도 사게 된다. 지원 회사를 건성 피부라고 가정해보자. 그렇다면 내 화장품의 어떤 기능이 건성 피부에 좋은 것인가? 건성 피부에 좋다는 그 많은 화장품들 중에서 내 화장품의 기능은 어떤 면에서 더 뛰어난가?

앞에 나온 강 대리는 기획 분야에서 3년간의 경력이 있다. 강 대리가 지원 회사로 이직을 하게 되면 지원 회사의 기획 업무를 위하여 무엇을 할 수 있는가? 무엇을 할 수 있는 능력과 자질이 있는가? 3

년간의 기획 경력을 가지고 있는 경력자는 수없이 많다. 강 대리는 그들 중 하나일 뿐이며, 그 많은 사람들은 지금 강 대리의 경쟁자이다. 그들 중에서도 왜 강 대리가 특별한가? 강 대리는 기본적으로는 무엇을 할 수 있으며, 그들이 할 수 없는 무엇을 더 해 줄 수 있는가?

- 중소 기업에서 3년간의 직장 생활 : 지원 회사에서는 대기업에서의 경험을 필요로 하고 있다. 우선 강 대리가 집중할 수 있는 경쟁력은 아니다.

  ⇒ 하지만 강 대리는 중소기업의 특성상 동일한 기간에 훨씬 더 많은 업무를 경험할 수 있었으며, 업무의 흐름 역시 더 잘 파악하고 있다는 장점이 있다. 집중할 수 있는 부분은 아니지만 여기에서도 강 대리의 경쟁력을 내세울 수 있다.

- 사업 기획 경력 : 강 대리의 사업 기획 경력에는 신규사업 프로젝트를 담당했던 경력이 포함되어 있다. 적극적으로 내세울 수 있는 부분이다.

  ⇒ 지원 회사에서 특히 신규사업 쪽에 관심이 많다는 것을 파악했기 때문에 자신의 기획 경력 중에서 신규사업을 기획한 경력 쪽의 경험에 집중할 수 있다.

- 회계 관련 자격증 : 지원 회사는 기본적인 회계 및 마케팅 지식이 있는 자를 필요로 한다. 강 대리는 회계 관련 자격증을 바탕으로 한 기본적인 회계 지식을 제공할 수 있다.

  ⇒ 회계 관련 자격증은 지원 회사에서 필요로 하는 부분과 밀접하므로 자연스럽게 알리면 되겠다. 또한 강 대리는 작년에 마케

팅 관련 세미나에 두 차례 참석한 경험이 있다. 이 세미나 경험 역시 마케팅에 대한 지식에 대입해 볼 수 있겠다.

• 영어 문서 작성에 능통 : 지원 회사는 일본어 의사 소통 능력이 뛰어난 자를 원하고 있다. 영어는 기본적으로 자신이 있지만 강 대리는 일본어에 대한 능력은 상당히 기초적인 수준일 뿐이다.

⇒ 강 대리는 일본어 능력은 부족하다. 하지만 영어에는 상당히 자신이 있고, 특히 영어 문서 작성에 능통하다. 영어가 필요한 일이라면 어떤 일이든 자신이 있다는 것을 추가적으로 내세울 수 있겠다.

• 해외 연수와 우수 사원 표창 : 공헌도가 높다는 것을 객관적으로 증명할 수 있는 연수와 표창이라는 확실한 증거를 제시할 수 있다. 이 역시 적극적으로 내세울 수 있는 경쟁력이라고 볼 수 있다.

⇒ 해외 연수는 뛰어난 업적을 바탕으로 선택된 자에게만 주어지는 보상이었다. 우수 사원 표창 역시 회사에서 강 대리를 어떻게 생각하고 있는지, 그리고 강 대리가 얼마나 중요한 사원인지를 아주 잘 보여주는 증거이다.

핵심적으로 집중하여야 하는 부분을 먼저 알려라. 기본적인 자질을 우선 바탕에 깔아 놓는다고 보면 되겠다. 앞에서도 말했지만 이 기본적인 자질은 말 그대로 기본적인 자질이다. 즉, 다른 사람들도 가지고 있을 수 있는 자질이라는 뜻이다. 우선 이것을 할 수 있다는 것을 증명하라. 그리고 더 나아가서 내가 추가적으로 할 수 있는 것을 알려라.

나는 경력이 있다. 그래서 잘할 수 있다고 생각한다. 그런데 다른 사람들도 경력이 있고 잘할 수 있다고 생각한다. 무엇이 다른가? 왜 내가 되어야 하는가?

작은 차이가 성공적인·이직 여부를 결정짓는 것이다.

나는 무엇을 해줄 수 있는가?

나의 기본적인 경쟁력은 무엇인가? :

나의 특별한 경쟁력은 무엇인가? :

2

당신이
이직하려는
이유는 무엇인가?

약 2천 2백여 명을 대상으로 실시한 한 취업 포털의 설문 조사에 따르면 작년 한 해 이직에 나섰던 경력자는 약 40% 정도였고, 이 중 35% 정도가 이직에 성공을 했다고 한다.

그리고 올해 초에 또 다른 취업 포털은 올해 직장인 5명 중 2명 이상이 이직을 할 계획을 가지고 있다는 통계를 내놓았다. 물론 업종이나 직무별로 약간씩의 차이는 있었지만 그만큼 이직에 관심을 가지고 있다는 증거가 된다.

자, 그럼 이 즈음에서 중요한 질문을 한 가지 던져 보겠다.

당신은 왜 이직을 하려고 하는가?

현재 이직을 고려하고 있든, 이미 회사를 떠났든, 지금 면접을 보고 있든 관계없이 이것은 상당히 중요한 문제가 될 것이다.

정 차장은 A라는 회사에서 열심히 일해서 능력을 인정받고, 진급도 하고, 나름대로 그 분야에서 자리를 잡아가고 있는데 갑자기 B라는 회사로 이직을 결심하게 되었다. 당연히 그 이유가 궁금하지 않을 수 없다. A라는 곳에 그대로 머물러 있으면 일하기도 훨씬 더 수월하고, 그냥 그대로 무난하게 일할 수 있다. 지금까지 오느라고 고생한 것을 보상받으면서 편안하게 일할 수 있는 환경이 마련된 것이다. 그런데 느닷없이 이직을 한다고 한다. 왜 그런가?

최 대리는 C라는 회사에서 근무한 지 3년 정도 되었다. 아직 C라는 회사와 자신의 업무를 다 알기에 충분한 시간이라고 보여지지 않는다. 한창 더 많이 배우고 익힐 시기이며, 아직 중대한 업적을 남기지도 못했다. 그런데 아직 충분한 경험을 하기도 전에 회사를 나온다고 한다. 왜 그런가?

김 군은 D라는 회사에서 채 1년도 근무하지 않았다. 아직 딱히 본인의 임무를 수행하지도 않고, assist를 하고 있는 입장이다. 그런데 이직을 하려고 한다. 왜 그런가?

신입이나 짧은 경력으로 취업을 하는 경우에는 신입의 자격이기 때문에 이직을 하는 이유에 대한 질문이 있을 수 없다. 이럴 경우에는 지원 회사를 선택한 이유나 직종에 관심을 가지게 된 이유를 묻곤 한다.

하지만 경력자의 이직인 경우에는 '왜 이직을 하려고 하는가?'라는 질문에 대한 적절한 답변을 항상 준비해 두는 것이 좋다. 잘 다니던 회사를 그만두고 이직을 한다고 하면 직급을 막론하고 그 이유에 대해서 궁금하지 않을 수 없기 때문이다.

마침 회사 사람들이 짜증나지는 시기이기도 하고, 매일 반복되는 업무가 지루하기도 하고, 이때쯤에 배를 갈아타는 사람들도 눈에 많이 띈다. 이직을 못하는 사람은 무능한 사람으로 간주되는 시선들이 늘어나고 있고, 헤드 헌팅사나 경쟁사에서 전화 한 통 못 받아본 사람은 능력이 없는 사람으로 보여질 수 있다는 우려들이 늘고 있다.

이런 것들이 당신이 이직하려는 진짜 이유인가? 나는 왜 굳이 지금 이 시점에서 다른 환경을 찾는가? 명확한 이유가 있는가? 연봉이 낮아서? 복지가 안 좋아서? 상사와 갈등이 있어서?

도대체 어떤 이유에서인가?

이직하려는 진짜 이유를 찾아라

면접에서 이직 이유를 물었을 때 약 40%의 지원자가 솔직하게 답변을 하지 않는다고 한다. 솔직하게 답변하지 않은 지원자 중 절반 정도는 솔직하게 답변하면 손해를 볼까 두려워서 다른 이유를 댄다고 한다. 더 좋은 이미지를 줄 수 있는 답변을 찾거나 굳이 솔직한 답변을 할 이유가 없다는 의견도 다수이다.

그렇다. 정작 이직을 하려는 진짜 이유는 마음 속 깊은 곳에 숨겨둔 채 이직을 위한 최적의 이유를 만들어서 사용하고 있는 것이다. 필요하다면 자기 소개서를 작성할 때 그리고 면접을 볼 때 이직하려는 이유를 만들어서 활용할 수 있다. 하지만 이직을 하려는 이유를 만들기에 앞서서 이직을 하려는 진짜 이유를 적어도 당신만은 알고 있어야 한다. 바로 위에 있는 제목에서 이직하려는 '이유'가 아니라 이직하려는 '진짜 이유'라고 한 것도 이직을 하려는 당신조차도 이직을 하려는 그 '진짜 이유'를 잘 모르기 때문이다.

이직을 하려는 '진짜 이유'가 중요한 이유는 이 '진짜 이유'를 알지 못하고서 성공적으로 이직할 수 없기 때문이다. 여기에서 '성공적'이라는 뜻은 이직을 하지 못한다는 뜻이 아니라 이직에 대한 만족감이 떨어질 수 있다는 뜻이다.

이성 친구에게 줄 선물을 사러 갔다가 정작 그 선물은 사지 않고 내 마음에 드는 나를 위한 물건을 구매해 본 적이 있는가? 사전에 그 물건을 사려는 마음은 없었지만 그 물건을 본 순간 구매하려는 충동을 이기지 못했던 것이다. 집에 돌아와서 가만히 생각을 해보니까 나에게는 그 물건이 필요하지 않다. 그리고 더 중요한 것은 그 물건을 산 돈은 사실 선물을 사기 위한 돈이었다. 다음 날 그 물건을 환불하고 그 돈으로 다시 이성 친구에게 줄 선물을 구매하였다.

아무런 이유 없이 사전에 준비하지 않았던 물건을 사게 되면 후회를 하게 된다. 그냥 그 순간에 물건이 마음에 들었다는 것이 물건을 구매한 이유가 될 수는 있다. 하지만 그 순간적인 마음은 오래가지 않는다. 물건을 사고 난 이후에 지속적인 만족감을 줄 수 없기 때문이다. 이것이 중요한 것이다. 내가 물건을 구매한 이후에도 충분히 만족할 수 있는가? 나의 진짜 이유가 내 만족감을 채워줄 수 있는가?

그럼 일단 지원자의 입장에서 진짜 이유를 찾아내보자. 이 진짜 이유는 지원자의 솔직한 이유가 될 것이다. 딱 까놓고 속마음을 한 번 털어놔 보자.

〈진짜 이유〉

연봉을 높이려고.

회사의 비전이 없어서.

지금의 회사가 지겨워져서.

상사 및 사람들이 싫어져서.

복지 혜택이 좋지 않아서.

근무 환경이 좋지 않아서.

계약직이라서.

남들이 회사를 옮기는 것이 멋있어 보여서.

헤드 헌팅사에서 연락을 받아서.

스카우트 제의를 받아서.

업무상 큰 실수를 해서.

내가 생각했던 일이 아니라서.

회사가 집에서 멀어서.

주위에서 추천을 해줘서.

먼저 옮긴 상사가 권유를 해서.

:

　자, 얼마나 솔직한 진짜 이유인가? 내가 이직을 하고 싶은 혹은 지금의 회사를 떠나려는 이유가 위의 리스트에 포함되어 있는가? 그럼, 이런 솔직한 진짜 이유를 바탕으로 나의 이직을 한번 평가해 보자.

〈이직하려는 진짜 이유와 만족감 평가〉

이직을 하려는 진짜 이유	나의 이직 만족감 평가
연봉을 더 올리고 싶어서.	이직으로 연봉을 더 올렸다면 거기에 만족하라.
박 과장과 더 이상 일하기가 짜증나서.	박 과장을 떠났다는 것으로 만족하고 이직 회사에 충실하라.
회사가 집에서 멀어서.	이직한 회사는 집하고 가까워졌는가? 그렇다면 거기에 만족하고 다녀라.
⋮	⋮

이직을 하려는 진짜 이유를 바탕으로 만족감을 평가해보게 되면, 내가 생각한 진짜 이유가 진짜인지 아닌지를 확인할 수 있다. 또한 진짜 이유를 찾기 어렵다면, 역으로 이직 후 가장 만족할 수 있다고 생각하는 부분에서 진짜 이유를 찾아볼 수 있다. 연봉을 더 올려서 만족했다면, 이직을 하려는 진짜 이유가 연봉을 올리기 위함일 수 있다는 뜻이다. 표에 나와 있는 나머지 경우들 역시 마찬가지이다.

남들이 나의 이직을 평가해주기 전에 스스로 먼저 평가를 해보기 위한 목적도 있다. 어차피 나의 이직인 것이고, 주위에서 뭐라고 말하는 것보다 스스로 만족을 하는 것이 무엇보다도 중요하기 때문이다. 따라서 당신이 이직을 하려는 진짜 이유를 찾아내게 되면 자연스럽게 당신의 이직을 평가해 볼 기회도 가질 수 있을 것이다.

직장 생활을 하면서 이직을 할 수 있는 기회는 그렇게 많지 않고, 실제로도 그렇게 많은 횟수를 옮겨 다니지는 않는다. 하지만 평생 직장이라는 개념이 점차 줄어들고 있는 요즘 이직하려는 진짜 이유를 찾아내야 할 필요가 더 커지고 있지 않나 생각한다.

기왕지사 회사를 떠나려고 한다면 적절한 타이밍으로 이직을 하려는 진짜 이유가 생기는 시점을 선택하는 것도 성공적인 이직을 하는 좋은 방법이 될 수 있다. 이직을 하려는 명확한 이유가 없다고 이직을 그만두라는 뜻은 절대로 아니다. 다만 지금 시점에서 생기지 않았던 진짜 이유들이 조금 후에는 생길 수도 있다는 뜻이다.

예를 들어서 A라는 회사에서 B라는 회사로 이직을 결심하여 성공을 했는데, B에서 일하다 보니까 C라는 회사로 옮기고 싶은 진짜 이유가 생길 수도 있다는 뜻이다. 그랬다면 B를 거치치 않고 바로 C로 갈 수도 있었을 것이다. 최소한 B라는 회사로 옮긴 것을 후회하면서 시간을 보내지는 않았을 테니까 말이다.

진짜 이유를 찾아내지 못하고서는 정말 깔끔하게 이직을 했다는 기분이 들지 않을 것이다.

내가 이직을 하려는 진짜 이유(정말로 솔직하게 다 작성하기) :

이직을 하려는 진짜 이유를 바탕으로 이직 후 만족감을 가상으로 평가하기 :

이직하려는 진짜 이유를 포장하라

이직하려는 진짜 이유를 찾았는가? 정말로 솔직하게 다 불어버리고 나니까 속이 좀 시원하지 않은가? 진짜 이유를 찾기는 찾았는데 문제는 공개적으로 알릴 수 없다는 데 있다.

위에서 찾아낸 진짜 이유는 자신만을 위한 이유일 뿐이다. 즉, 나의 성공적인 이직을 위해서 나의 만족감과 깔끔한 기분을 위해서 찾아낸 것이지 이것을 발설(?)해서는 안 된다. 왜? 이런 진짜 이유를 듣고서 당신을 뽑아줄 회사는 없기 때문이다. 앞에서 언급한 통계에서도 볼 수 있듯이 면접에 임하는 경력자 10명 중 4명은 자신이 이직하려는 진짜 이유를 숨기고 있다.

회사의 비전이 없고, 업무 환경이 마음에 들지 않고, 상사와 갈등이 깊어서 이직을 결정한 지원자들은 실제 면접에서는 업무 영역을 넓히고 싶고, 적성에 맞는 업무를 하고, 좋은 기회를 살리기 위해서 이직을 한다고 답변한다. 또한 오랫동안 마음에 두고 있던 회사였다는 등의 전혀 다른 답변도 만들어 낸다.

진짜 이유를 포장해야 한다. 포장지로 예쁘게 싸고 꽃 달고 리본 달아서 나를 뽑아주는 사람에게 잘 보여야만 한다. 그럼, 위에서 찾아낸 진짜 이유는 잠시 잊고 다음과 같은 포장된 이유를 만들어 보자.

〈포장된 이유〉
새로운 환경으로의 도전.
더 높은 단계의 경력을 쌓기 위하여.

능력을 발전시키고 회사에 공헌하기 위하여.

능력과 자질에 맞는 위치로 이동.

지금까지 익힌 노하우를 활용할 수 있는 곳을 찾아서.

많은 기회가 오지 않아서.

업무 영역을 넓히기 위하여.

적성에 맞는 업무를 하고 싶어서.

좋은 기회를 살리기 위해서.

평소에 관심이 있던 회사여서.

:

이제 감이 좀 오는가? 진짜 이유와 포장된 이유의 차이점을 알겠는가? 위의 포장된 이유로 면접에서 활용할 수 있는 모범 답변을 한번 만들어 보자. 전/현 직장에 대한 부정적인 이미지를 줄 수 있는 단어나 문장은 가급적 자제하고, 도전, 능력, 자질, 공헌, 발전, 단계, 노하우 등의 긍정적이면서도 진보적인 이미지를 전달할 수 있는 단어들을 활용하는 것 또한 좋은 방법이 되겠다.

"지금 회사의 업무와 대우에는 충분히 만족하고 있습니다. 하지만 상대적으로 저에게 많은 기회가 오지 못하는 환경입니다. 따라서 지금까지 제가 익힌 노하우와 지식을 바탕으로 조금 더 높은 단계로의 도전을 해보고자 마음먹었습니다. 저의 개인적인 능력을 더욱 발전시키고, 그 발전된 능력을 회사의 발전을 위하여 쏟을 수 있는 그러한 환경을 찾아오던 중 귀사의 모집 공고를 접하게 되었습니다."

가식적이라고 생각하는가?

절대로 그렇지 않다.

이직을 원하는가?

그렇다면 이력서와 자기 소개서를 제출하고 면접을 통과해야 한다. 경력자라고 해서 특혜가 주어지지는 않는다. 그렇다면 포장이 필요하다. 나의 진짜 이유를 포장하고 내 자신을 포장해야 한다.

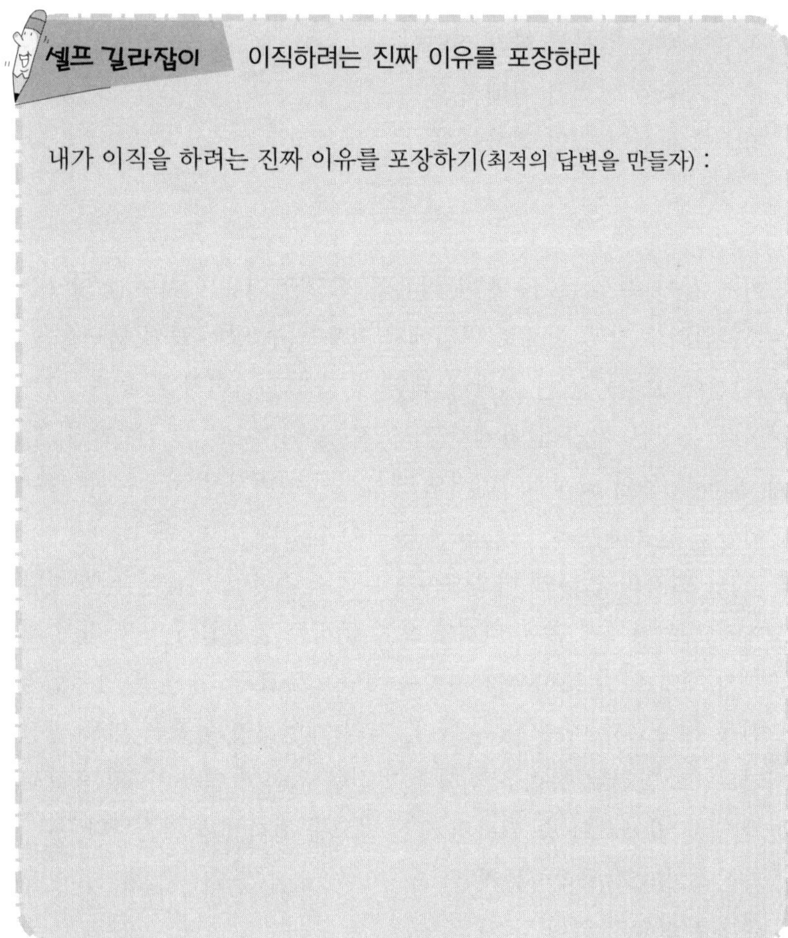

2장

떠나는 중

1장에서는 떠나기 전 당신의 마음가짐을 추스르기 위한 과정으로서 당신이 누구이고 이직하려는 이유가 무엇인지에 대해서 알아보았다. 앞에서 언급했던 것처럼 지금까지는 심리적인 고민을 해결하기 위한 작업을 진행했으니까, 2장에서는 객관적인 정보를 정리하고 이성적인 판단을 내리는 작업을 한번 진행해 보겠다.

당신들의 심리적인 고민은 사실 필자가 말해주는 부분보다도 당신 스스로 깨달아야 하는 부분이 많았다. 당신을 톡톡 건드려서 진짜 당신이 생각하고 있던 것은 무엇인지를 끄집어내는 과정이었다. 하지만 2장의 내용은 대부분의 당신들이 지금까지 잘못 생각해왔던 것과 잘못 취했던 행동을 바로잡는 과정이 되겠다.

필자는 지난 수년간 엄청나게 많은 경력자들을 만나왔고, 컨설팅을 제공해 왔다. 소위 국내에서 가장 잘 나간다는 회사에서 엄청난 경력을 쌓고, 세계적으로 가장 잘 나간다는 회사로의 이직을 준비하는 사람들이 대부분이었다. 그들이 많이 바쁘다는 것은 충분히 이해를 한다. 하지만 이직을 하는 것은 필자가 아니고 바로 그들이다. 최소한의 준비는 해야지 그 엄청난 경력을 효과적으로 전달할 수 있고, 성공적으로 이직을 해서 새로운 환경에서 일할 수 있다.

당신이 뛰어난 실적과 능력을 가지고 있다는 것은 잘 알겠다. 또한 이직하려는 회사에서 당신에게 호감을 보이고 있다는 것도 잘 알겠다. 하지만 당신과 같은 업적과 능력을 가지고 있는 사람이 당신 혼자뿐은 아니라는 것을 명심해야 한다. 기업체 역시 당신 혼자에게만 관심을 보이는 것은 아니다.

신입으로 입사할 때 이미 몇백 대 혹은 몇천 대 일의 경쟁을 뚫은 당신이다. 하지만 그 관문을 통과한 것은 당신 혼자뿐만이 아니지 않

은가? 당신이 열심히 일하는 동안에 당신과 비슷한 시기에 취업을
한 사람 역시 열심히 일했다. 그들은 지금 현재 당신의 가장 큰 경쟁
자이다. 경력과 노하우라는 것들이 붙어서 체급만 달라졌을 뿐 어디
에서도 당신의 경쟁자가 존재한다. 당신은 지금 무한경쟁 시대에 살
고 있으니까.

　경력자라고 해서 신입과 다를 것은 없다. 아니, 오히려 더 어려울
수 있다. 왜냐하면 분석하고, 준비하고, 정리해야 할 것들이 훨씬 더
많아졌으니까.

　준비가 되었는가? 당신은 지금 떠나는 중이다.

1

당신의
주변 상황을
파악하라

이 책을 읽고 있는 바로 이 순간, 당신의 주변을 한번 둘러보라. 무엇이 보이는가? 지금 주변에 있는 것들은 언제부터 당신의 주변에 있었는가? 막상 지금 이 책을 구입해서 읽기 전만 해도 당신은 이 책에 대해서 잘 몰랐다. 지금 당신은 이 책을 읽고 있다. 이 책을 구입했다는 것은 당신이 이직에 관심이 있다는 뜻이다. 당신은 언제부터 이직에 관심을 보이게 되었는가?

사무실 책상에 앉아 있을 때 주변을 한번 둘러보기 바란다. 먼저 사물들이 눈에 띈다. 처음 입사할 때는 없던 물건들이 지금은 당신의 책상에 존재한다. 컴퓨터 모니터를 보라. 우측 하단에 시간이 계속해서 흘러가고 있다. 예전에 함께 일하던 팀장은 지금 어디로 갔는가? 당신 주변에 무엇들이 달라지고 있는가?

당신 주변의 중심인 당신이 달라지고 있다는 것도 기억하자. 당신 명함의 직급은 어떻게 바뀌었는가? 연봉은 얼마나 올랐는가? 미혼에서 기혼이 되었는가? 아이가 태어났는가? 담배를 끊었는가? 당신의 무엇이 달라졌는가?

신문이나 뉴스에서는 매일 다른 종류의 사건과 사고들에 대한 기사가 나온다. 나는 그러한 사건이나 사고들과 직접적으로 아무런 관련이 없다. 하지만 사건이나 사고가 터지면 나에게 직접적으로 영향을 끼칠 수 있다. 나 혼자서만 잘 산다고 해서 끝까지 잘 살 수 있는 것이 아니다. 내가 없다면 나의 주변도 없겠지만, 반대로 나의 주변에 있는 것들이 없다면 나 또한 존재할 수 없다.

지금 떠나는 중인 당신이 가장 먼저 해야 할 일은 바로 당신의 주변에서 벌어지고 있는 여러 가지 상황들을 파악하는 것이다. 물론 엄청나게 많은 사건이나 사고들을 모두 파악하라는 뜻이 아니다. 지금 우리에게 가장 중요한 것은 이직이니까, 이직하는 당신에게 가장 중요한 주변 상황들을 알아볼 것이다. 당신이 지금 어디까지 왔는지를 알아볼 것이고, 취업 환경에 집중하여 당신의 주변에서 벌어지고 있는 일들을 알아볼 것이다. 그 변화된 취업 환경에 적응하기 위하여 당신이 해야 할 일과 가장 중요한 당신 주변의 사람들을 관리해야 하는 이유를 짚어볼 것이다.

이러한 주변에서 벌어지고 있는 상황을 파악해야만 당신은 이력서를 통하여 메시지를 전달하고, 면접을 통하여 의사 소통을 할 수 있는 완벽할 준비를 할 수 있을 것이다. 키워드는 변화와 적응이다. 주변에 변화한 것들을 이해하고 인정하며, 그 변화에 맞게 당신을 변화시키는 작업이 되겠다.

결국에 이직 시장에서 끝까지 살아남는 종(種)은 강한 종도 아니고 우수한 종도 아니요, 끊임없이 변화하는 종임을 기억하라.

당신이 어디까지 왔는지 뒤를 돌아보라

경력을 쌓으면서 당신은 신입사원에서 경력자로 진화했다. 모르던 것을 알게 되었으며 당신을 선배라고 부르는 사람들이 생겨났다.

어떤 사람이 완벽한 커리어 패스를 통하여 최고의 회사에 좋은 자리를 얻었다. 많은 사람들이 이 사람의 커리어 패스를 따라 하려고 노력한다. 하지만 이것은 결과론적으로 보았을 때 완벽하다는 것이지 일반적으로 보았을 때에는 완벽한 커리어 패스가 아닐 수 있다. 즉, 모두 자신이 처한 상황이 다르기 때문에 그 어떤 일반적인 방법도 적용을 할 수 없다는 뜻이다.

다음의 표는 직장인들의 가장 대표적인 주변 상황과 그 상황에 따라서 이직시 중점을 두어야 할 부분을 잘 보여주고 있다. 벌써 몇 번의 이직을 경험한 사람도 있다. 만족스럽게 일하는 사람도 있지만 그렇지 않고 또 다른 환경을 찾는 사람도 있다. 중간에 다시 공부를 한 사람도 있다. 10년 동안 몸담고 있던 회사를 떠나려는 사람도 있다. 경력이 있지만 경력과 다른 종류의 일을 원하는 사람도 있다. 출산 후 다시 새로운 직장을 찾는 사람도 있다. 외국으로 취업 이민을 가려는 사람도 있다.

〈경력자의 상황과 그에 따른 접근 방식〉

당신의 상황	중점을 두어야 할 부분
경력이 짧은 경우	짧은 경력을 통하여 얻은 지식을 바탕으로 이직 후에도 맡은 업무를 잘 수행할 수 있다.
경력이 긴 경우	긴 경력을 바탕으로 충분한 노하우와 조직을 이끌 수 있는 리더십이 있다.
다른 분야로의 이직	이전 경력을 바탕으로 얻은 기본적인 업무 자질을 바탕으로 새로운 업무도 잘 수행할 수 있다.
출산 후 이직	출산 전 경력을 어필하고, 일을 잠시 떠난 동안의 업무 및 산업에 대한 변화를 인정한다.
취업 이민	새로운 국가로 떠나는 이유와 해당 국가 및 업무, 분위기에 대한 정보를 갖춘다.
교육 후 이직	경력과 새롭게 배운 지식(MBA 등)을 바탕으로 새로운 방식과 접근을 적용할 수 있다.
여러 회사를 옮긴 경우	비록 여러 번의 이직을 경험했지만 많은 환경과 업무를 경험했고, 이번에는 오래도록 근무를 하겠다.
한 회사의 경력이 오래된 경우	한 회사에서 그 동안 쌓은 경력과 노하우를 적용할 수 있고, 끈기와 전문성을 갖추었다.

이렇게 당신이 지금 어디까지 왔는지를 알지 못한다면 당신의 어떤 부분에 중점을 두어야 하는지 알 수 없다. 경력이 짧은 사람은 경력이 오래된 사람이 중점을 두어야 할 부분을 경쟁력으로 내세울 수 없고, 출산 후 이직을 하는 사람은 취업 이민을 가는 사람과 같은 고민을 할 필요가 없다.

내가 지금 어디쯤에 서 있는지를 알아야만 앞으로 어디로 가야 하는지를 정확하게 알 수 있고, 어떤 정보를 전달하고, 어떤 판단을 내려야 하는지를 파악할 수 있다. 즉, 변화된 주변 상황에 맞춰서 당신도 얼만큼 변화해왔는지를 알아낼 수 있다는 뜻이다. 주변 상황과 당신의 코드를 먼저 맞춰 놓는 과정이라고 생각하면 쉽겠다.

인디언들은 말을 타고 황야를 달릴 때 잠시 말에서 내려 뒤를 돌아본다. 말을 타고 너무 빨리 달려서 자신의 영혼이 말의 속도를 쫓아오지 못할까봐 자신의 영혼을 기다리는 것이다. 그리고 자신의 영혼이 도착할 정도의 시간이 지나면 다시 말을 타고 황야를 달린다.

당신은 지금껏 너무 빨리 달려서 뒤를 돌아볼 시간이 없지는 않았는가? 오늘만이라도 잠시 말에서 내려 당신의 영혼을 기다리는 시간을 가져 보는 것은 어떨까 한다.

당신이 어디까지 왔는지 뒤를 돌아보라

당신은 현재 어떤 상황에 처해 있는가? :

어떤 부분에 중점을 둘 것인가? :

변화된 취업 환경에 적응하라

이렇게 세대가 변함에 따라 취업 환경과 문화, 시스템 역시 하루가 다르게 달라지고 있다. 386세대들은 X세대가 취업했을 당시와는 다른 취업 환경에서 취직을 하였을 것이다. X세대의 끝 무렵에 태어난 사람들은 IMF 이후에 더욱 어려워진 구직 활동을 몸소 체험했을 것이다. 그 이전에 직장을 다니던 사람들은 본의 아니게 구조 조정을 겪었을 것이다. 지금 막 취업을 하려는 사람들은 글로벌 인재라는 점을 강조해야 할 것이다. 학력이나 연고지에 의존했던 수평적인 사회의 구조는 개인적인 능력과 창조력을 갖춘 사람들에 의해서 파괴되었고, 이에 따라서 기업 역시 새로운 감각을 갖춘 지원자를 찾게 되었다.

다음 표는 몇 가지 주제별로 시대에 따른 취업 형태의 변화를 알아본 것이다. 대부분의 당신들은 시대적으로 보았을 때 과거이거나 과거와 현재의 중간 정도에 위치하고 있을 것이다.

〈유형별로 알아본 취업 환경의 변화〉

유 형 ＼ 시 대	과 거	현 재
지원 경로	신문 및 인터넷 등의 채용 공고	신문 및 인터넷 등의 채용 공고 + 헤드 헌팅 + 인력 소싱 + 지인 + 스카우트
채용 방식	그룹 일괄 공개 채용	그룹 일괄 공개 채용 + 부서별 및 분야별 수시 채용 + 설명회 및 박람회를 통한 채용
이력서 및 자기 소개서	문방구표 이력서 또는 정형화된 구성의 이력서	비주얼적인 요서를 가미한 문서 양식 + UCC 자기 소개서
면 접	일반 면접 + 직종에 따라 영어 면접 실시	일반 면접 + 영어 면접 + 프레젠테이션 면접 + 개별/집단 토의 + 심층 면접 + 이색 면접
지원자	학력을 바탕으로 한 평가 + 경력 사항	지원자 개인적인 능력 및 창의력 바탕으로 한 평가 + 경력 사항

경력자들이 처음 입사를 하던 시기에는 취업 환경이 상당히 아날로그적이었지만 지금은 많은 부분이 디지털화되었다. 손으로 직접 작성하던 이력서는 없어지고 있고, 인터넷으로 지원하는 방식이 대세가 되고 있다. 단순하게 글로 작성하는 부분보다는 눈으로 볼 수 있는 비주얼적인 부분이 중요하게 되었다. 물론 입사한 지 몇 년 되지 않은 지원자라면 디지털적인 취업 환경에 어느 정도 익숙할 수 있다. 또한 몇 번의 이직을 경험해 본 지원자 역시 점차 바뀌어가는 환경에 어느 정도는 적응을 하였을 것이다.

경력자인 당신이 위의 표에 나온 변화된 취업 환경을 모두 따라야 하는 것은 아니다. 하지만 취업 환경이 하루가 다르게 변화하고 있다는 사실만은 확실하게 인지하고 있어야 한다.

먼저 이력서를 제출하고 면접을 본 지원자가 자신의 에피소드를 인터넷에 공개하고 관심 있는 많은 사람들이 그 정보를 공유한다. 소위 족보라는 것이 만들어진다. 다음 번 지원자는 사전에 많은 정보를 얻은 상태에서 면접에 임한다. 기업체 역시 이러한 사항을 잘 이해하고 있다. 필자는 현재 S모 그룹 계열사의 영어 면접을 대행하여 면접관으로 활동을 하고 있는데, 인터넷에서 영어 면접의 족보가 돌아다니는 일이 발생한 적이 있다. 기업체의 인사 부서에서는 이러한 정보를 빠르게 습득하고 새로운 테스트를 개발할 것을 요청하였다. 족보만 믿고 면접을 준비했던 지원자는 아마도 좋은 결과를 얻지 못했을 것이다.

당신은 면접 족보가 무엇이고, 그것이 어떻게 만들어지며, 어떤 경로를 통하여 그 족보를 얻을 수 있는지를 알고 있는가? 취업의 환경이 이렇게 작은 부분까지 변화된 것을 인정할 수 있겠는가? 아주 자연스럽게 이러한 변화에 맞춰서 당신을 변화시킬 수 있느냐는 말이다.

환경에 자신을 맞추지 못하고 지난 기억을 고집했던 한 지원자의 에피소드를 공개하겠다. 국내 굴지의 한 그룹에서 10년 이상의 경력을 가지고 있던 조 과장은 끊임없이 지난 기억을 지금의 상황에 적용하려고 노력하였다. 10년 전 사용했던 이력서와 자기 소개서를 용케도 아직까지 가지고 있었고, 심지어는 지원 회사의 이름만 바꾼 채 그것을 그대로 활용하기를 고집하였다. 아직도 문방구표 이력서를 사용하기를 고집하고 있는 조 과장에게 필자의 설득은 좀처럼 먹히지 않았다. 고리타분한 성장 과정에서부터 진부한 동기와 포부까지 그대로를 적용하기를 원했다. 면접 족보를 찾아내고 정보를 제공하였지만 탐탁지 않게 생각하였고, 필자의 경험을 바탕으로 면접 질문을 뽑아 주었지만 쉽게 받아들이려 하지 않았다.

이유는 단 한 가지였다.

"우리 때는 이렇게 하지 않았다니까요."

그 말이 맞다. 그 당시에는 그렇게 하지 않았다. 지금처럼 취업 환경이 복잡하지 않았으니까. 결과는 굳이 필자의 입으로 말하고 싶지 않다. 엄청난 경력을 가지고 있음에도 불구하고 변화된 환경에 자신을 맞추기를 거부했던 조 과장은 아마 이직 후에도 변화된 직장 환경에 자신을 맞추기를 거부했을지도 모른다. 지금까지 세상은 자신을 위주로 돌아갔다고 생각했으니까 이직도 마찬가지로 내가 했던 방식만이 최선이라고 생각했을 것이다. 예전에는 그게 먹혔으니까. 한번 성공해 봤으니까.

앞에 나온 조 과장과 비슷한 경력을 가진 민 과장 역시 출발은 비슷했다. 처음에는 새로운 취업 환경에 대한 적응을 부정했다. 하지만 몇 차례 이력서와 자기 소개서를 제출하여 좋지 못한 결과를 얻은 후에 자신이 먼저 변화하지 않으면 안 된다는 것을 깨달았다. 그리고는 적극적으로 그것도 아주 적극적으로 자신을 변화시키기 시작했다. 모든 문서의 구성부터 새롭게 만들기 시작하여 내용과 접근 역시 경력자의 그것으로 맞추었다. 지원 회사를 분석하는 방법, 면접에 임하는 자세 등 모든 부분을 새롭게 배워가는 자세를 보여주었다. 역시 결과는 굳이 필자의 입으로 말하지 않겠다.

IMF 이후에 기업들은 신입 지원자보다 경력 지원자를 선호한다. 기업체에서는 학력이나 연령 제한을 철폐하거나 완화하려는 움직임이 늘어났다. 무엇보다도 경력을 중시한다. 면접도 인사 부서에서 시작해서 실무 부서, 임원진까지 범위를 넓혀서 당신의 능력과 자질을 종합적으로 평가한다. 이러한 가운데에서도 직장인들의 이직률은 점점 높아지고 당신이 설 자리는 점점 좁아진다. 또한 생계형 주부 취업자들을 포함한 여성 채용의 비율이 점차 늘고 있다. 고령 취업자들의 수도 늘어나고 있다.

이러한 취업 환경의 모든 움직임은 당신에게 불리하게 돌아가고 있다. 취업 시장이 경력자인 당신에게 더 많은 관심을 보이는 것은 맞다. 하지만 당신은 수많은 경력자 중 한 명일 뿐이다. 당신이 이직을 하려는 그 자리에 다른 여성 인력들과 고령 취업자들을 포함한 다른 경력자들도 관심을 보인다. 움직일 수 있는 자리는 한정되어 있는데 지원자의 수는 점점 늘어난다.

자신을 버리고 환경에 맞추는 것은 절대로 자존심 상하는 일이 아니다. 환경이 바뀌었는데 당연히 나를 맞추어야지 환경이 나를 기다려주기를 바랄 수는 없지 않는가? 경력자라고 해서 절대로 거저 먹을 수 있다는 생각을 가져서는 안 된다. 다시 한 번 강조하지만 경력자는 이직을 위해서 해야 할 일이 훨씬 더 많다. 경력자로서 새롭게 변화된 환경에 빠르게 적응하는 것 역시 하나의 능력이 될 수 있다는 것을 기억하라. 예전에 그랬으니까 나는 지금도 그렇게 하겠다는 생각은 당신이 더 발전할 수 있는 가능성을 막는 것이다.

당신은 현재 몇 개의 취업 포털 사이트에 가입되어 있는가? 어떤 취업 카페에서 정보를 얻고 있는가? 이직하려는 회사의 면접에 대한 족보를 얻은 적이 있는가? 어떤 헤드 헌팅사와 contact하고 있는가? 어떤 헤드 헌팅사가 당신의 분야에 전문인지를 알고 있는가? 위의 표에 나와 있는 변화된 취업 환경을 이해할 수 있겠는가?

이런 것들이 부질없다고 생각하는가? 당신의 경쟁자는 이미 다 알고 있는 사실인데도 말인가? 그들은 이미 변화된 취업 환경에 대한 적응을 마쳤는데도 말인가?

처음 입사시 어떤 채용 방식을 경험했는가? :

현재 변화된 채용 방식에 대해서 아는 대로 적어라. :

이력서를 등록해 놓은 취업 포털이나 헤드 헌팅사를 나열하라. :

채용 정보는 주로 어디에서 얻는가? :

처음 입사할 때의 기억은 지워라

자, 지금 당신은 깊은 잠으로 빠져들고 있다. 점점 눈꺼풀이 무거워진다. 눈이 감기고 몸이 나른해진다. 깊은 잠에 빠진다. 레드 썬.

당신은 지금 막 대학을 졸업한 신입 지원자이다. 열심히 이력서와 자기 소개서를 작성하고 있다. 꼭 입사하고 싶은 회사에 제출할 이력서와 자기 소개서이다. 서류 전형 합격 통보를 받고 면접을 준비한다. 나름대로 열심히 준비한 면접에서 좋은 결과를 얻었다. 최종 합격이다. 이제 당신도 직장인이다.

몇년 전 이러한 상황을 기억하는가? 지금 일하고 있는 회사에 입사하기 위하여 얼마나 많은 고민을 하고 노력을 기울였는지 기억하는가? 지금처럼 앞다리 뒷다리가 모두 있는 개구리가 아니라 당신의 올챙이 시절을 말이다.

지금 당신의 머릿속에서 그 기억은 싹 지우는 것이 좋을 것이다. 그리고 신입 시절에 작성한 이력서와 자기 소개서 역시 찢어버려라. 지금의 당신에게는 전혀 도움이 되지 않는 내용들일 뿐이다.

〈신입 VS 경력자들이 주로 사용하는 이력서/자기 소개서의 항목〉

문 서 ＼ 자 격	신 입	경 력
이력서	① 교육 사항 ② 관련 경험 ③ 기타 활동 ④ 연수 사항 ⑤ 자격증 ⑥ 수상 내역 ⑦ 기타 능력	① 경력 사항 ② 교육 사항 ③ 연수 사항 ④ 기타 활동 ⑤ 자격증 ⑥ 수상 내역 ⑦ 기타 능력
자기 소개서	① 성장 배경 ② 성격의 장단점 ③ 학창 시절 ④ 기타 활동 ⑤ 관련 경험 ⑥ 동기 및 포부	① 업무상 강약점 ② 경력 사항 ③ 연수 사항 ④ 활동 사항 ⑤ 이직 이유 및 　이직 후 계획

　위의 표는 신입과 경력이 사용하는 가장 일반적이고도 정형화된 항목을 정리한 것이다. 이 모든 항목들은 이력서 및 자기 소개서 작성에서 보다 상세하게 알아볼 것이다. 지금은 이 항목들의 차이점을 살펴보면서 개념만 한번 잡아보도록 하자.

<신입 VS 경력자들이 주로 활용하는 단어>

신 입	경 력
성장 과정	업무
부모님	경력
대학	연수
전공	포상
교내 활동	진급
관련 경험	인센티브
처음	노하우
시작	새로운 환경
배움	적용
미숙	향상
참신함	능력
적응	자질
관심	노력
⋮	⋮

위의 표는 신입과 경력자들이 자주 활용하는 단어를 비교해 본 것이다. 당신은 경력자에게 어울리는 느낌과 철학을 바탕으로 이직을 해야 하는 입장이다. 당신이 신입 시절에 작성한 이력서와 자기 소개서에 담겨 있는 단어와 문장들은 지금의 당신에게는 어울리지 않는다. 알려야 하는 정보가 다른데 어떻게 동일한 항목과 단어를 활용할 생각을 할 수 있겠는가?

믿지 못하겠다면 1장에서 알아본 것을 적용해 보아도 좋다. 지금 당신이 하고 있는 일은 무엇이고, 그것이 얼마나 중요한지, 어떻게 열심히 일했는지, 그리고 왜 이직을 하려고 하는지 등에 대한 답변을 신입들이 주로 사용하는 항목들과 단어들로 설명을 할 수 있는지 알아보자. 셀프 길라잡이에 당신이 직접 작성한 내용들을 확인해 보아도 좋다. 만약에 그 내용들이 경력자가 주로 사용하는 단어로 구성 되어 있지 않다면, 아마도 당신은 1장에서 알아본 셀프 길라잡이를 처음부터 다시 작성해야 할 것이다.

기억하라. 당신은 경력자이다.

셀프 길라잡이　　처음 입사할 때의 기억은 지워라

나의 경쟁력을 전달하기에 적절한 이력서/자기 소개서의 항목을 구성하자. :

나의 이력서와 자기 소개서에서 활용할 수 있는 단어를 찾아보자. :

정보를 수집하라

경력자들은 이직을 할 때 자신의 능력과 경력에 맞는 연봉을 받기를 원한다. 당연하다. 당신들은 프로이니까. 일한 만큼 그리고 일할 수 있는 만큼의 돈을 받는 것은 너무나도 당연한 권리이다.

당신의 주위에 이직을 경험한 지인이 있다. 아마도 그 지인의 이직에 대해서 당신이 가장 궁금해 하는 것은 연봉을 얼만큼 올렸는가 하는 것이리라. 필자 역시 그 부분이 궁금하다. 다소 민감한 부분이라서 100% 공개를 기대하기가 어렵기는 하지만 역시 돈 얘기인지라 궁금할 수밖에 없다. 그 지인이 얼마만큼의 연봉을 올렸다고 얘기하면, 그 증가된 액수에 따라서 이직의 성패를 판단하게 되는 것이 일반적이다. 그만큼 이직에 있어서 돈은 중요한 변수로 작용을 한다.

현재 연봉 4천만원을 받고 있는 사람이 있다. 이직하고 싶은 회사를 알아보았는데 연봉을 8천만원까지 줄 수 있다고 한다. 연봉을 두 배로 올릴 수 있다는 것은 엄청난 기회임은 분명하다. 그런데 더 중요한 것은 지원 회사의 비전과 발전 가능성을 알아보아야 한다는 것이다. 그래야 내가 연봉을 두 배로 올리면서 옮겨도 안전한 회사인지를 판단할 수 있을 것이다. 돈을 많이 받고 옮겼는데 그 회사가 갑자기 어려워져서 또 다시 새로운 회사를 찾아야 한다면 결코 성공적인 이직이라고 볼 수 없을 것이기 때문이다.

또한 구체적인 당신의 업무에 대한 정보를 얻는 것도 필요하겠다. 마케팅이라고 다 같은 마케팅이 아니다. 당신이 현재 하고 있는 마케팅보다 더 큰 범위를 포함해야 하는 경우도 있고, 또 전에는 다루지 않았던 새로운 일까지 다루어야 하는 경우도 있을 수 있다. 갑자기 많은 숫자의 부하 직원이 생길 수도 있고, 동일한 직급이지만 그 역할이 다를 수도 있다.

이러한 모든 사항에 대한 정보를 수집해야 한다. 나를 알고, 나의 주변에서 벌어지는 일을 알았으니까 그에 맞는 구체적인 정보들을 습득해야 한다는 뜻이다.

〈과거 VS 현재의 정보 수집 경로〉

과거의 정보 수집	현재의 정보 수집 경로
지원 회사의 채용 공고, 신문, 지인 등	인터넷 홈페이지, 취업 카페, 취업 포털, 면접 족보, 인맥, 정부 취업 정보 센터, 헤드 헌팅사, 채용 박람회/설명회 등

앞에서 간략하게 알아본 취업 환경의 변화에서도 보았듯이 당신이 정보를 수집할 수 있는 경로가 참으로 다양해졌다는 것을 확인할 수 있을 것이다. 이렇게 다양화된 경로를 총동원하여 정보를 수집하기 위해서라도 당신은 변화된 취업 환경에 적응을 해야 하는 것이다.

지원 회사의 정보를 수집할 수 있는 가장 정확하고도 효과적인 방법은 신문 기사를 찾아보는 것이다. 물론 지원 회사의 홈페이지나 취업 카페 등에서도 정보를 얻을 수는 있지만 한계가 있으며, 대부분이 지원자의 입장이 아닌 회사의 입장에서 만들어진 정보일 확률이 높다.

지금 지원 회사가 어떤 새로운 사업을 시작하게 되었다는 식의 결과만 보는 것이 아니라 처음에 왜 그 사업을 시작하려고 했고, 누구와 함께 일했으며, 어떤 식으로 사업을 이어오게 되었는지, 그리고 내가 일하고자 하는 분야를 맡은 사람들은 그 새로운 사업을 위해서 어떤 일을 담당했는지, 앞으로 이 사업이 어떤 식으로 가게 될 것인지 등에 대한 그림을 볼 수 있다.

일반적인 이직 시장에 대한 정보를 수집하는 것도 움직이는 당신에게 도움을 줄 수 있다. 대기업에서는 차장급 → 대리급 → 과장급의 순으로 경력자를 원한다거나, 중소기업은 주로 과장급과 대리급을 위주로 경력자를 채용한다는 정보들이 그것이다. 또한 헤드 헌터들의 경우에는 대리급을 주로 많이 찾고, 직종의 경우에는 마케팅 → 기획 → 인사 등의 순으로 경력자를 원하고 있다.

작년 한 해의 결과만 두고 보았을 때에는 1년차 경력자들을 원하는 기업들이 많았다. 일반적인 통계와는 반대로 1~3년차 경력자들의 가능성을 높이 사는 기업들이 많았고, 가장 최근의 통계이기 때문에 앞으로 낮은 연차의 경력자들을 선호하는 추세가 점차 증가하게 될 것으로 본다.

이성적인 판단을 내리고자 한다면 나만의, 나에게 유리한, 그리고 내 스스로 판단을 내릴 수 있을 정도의 정보를 수집하는 것이 중요하겠다.

지원 회사에 대해서 무엇을 알고 있는가? :

어떤 경로를 통하여 정보를 수집하였는가? :

그 정보는 나에게 유리한 입장에서 만들어진 정보인가? :

정보 수집 후 그 회사의 비전을 어떻게 보는가? :

주위 사람들을 관리하라

기업체의 홈페이지를 방문해보면 회사를 소개하는 페이지에 조직
도라는 것이 있다. 조직도는 한 기업체에 존재하는 모든 조직을 설
명하고 있고, 그 중에서 내가 하고 있는 일도 포함되어 있다. 조직들
은 유기적으로 존재하며 서로가 서로에게 도움을 주고 있다. 따라서
아무리 실력이 뛰어나고 풍부한 경력을 갖춘 인재라도 조직과 어울
리지 않으면 쉽게 선택을 받지 못한다. 장기적으로 봤을 때 한 인원
이 다른 조직원들에 좋지 않은 영향을 끼치게 될 확률이 높기 때문
이다. 한 조직이라도 원활하게 돌아가지 못하면 결국 회사의 사업을
진행하는 데 문제가 생기게 된다.

일을 잘하는 사람이 있고, 주위 사람들과 잘 어울리는 사람이 있
다. 일만 잘한다고 해서 될 일도 아니고, 주위 사람들과 잘 어울리기
만 한다고 해서 될 일도 아니다. 업무적인 부분과 업무 외적인 부분
모두를 만족시켜주지 않으면 절대로 좋은 직원이라는 평을 들을 수
없다.

이직에 성공한 사람들이 말하는 이유를 보아도 이러한 사실을 쉽
게 파악할 수 있다. 전 직장에서 열심히 일해서 인정을 받고 자신의
입지를 다졌기 때문이라는 것이 가장 큰 이유였는데 이것은 업무적
인 부분이 되겠다. 그 다음으로 많은 이유는 동종업계 사람들과 넓
은 인맥을 쌓고 주위 사람들을 잘 관리했다는 것인데, 이것이 바로
업무 외적인 부분이 되겠다.

당신이 지인을 통하여 새로운 일자리를 찾든, 채용 공고나 헤드
헌팅사 등을 통하여 움직이든 관계 없이 당신의 주위 사람들을 관리

하는 것이 필요하다. 그 이유는 당신에 대한 업무적인 혹은 업무 외적인 부분을 알아보기 위해서 지원 회사나 헤드 헌팅사에서 움직이기 때문이다.

외국계 기업 등에서는 이력서를 작성할 때 reference를 요청하기도 한다. Reference는 참고인, 참조인 또는 신원 조회인 정도로 표현이 가능한데, 영미권에서는 취업이나 이직시 지원자에 대한 정보를 알아볼 수 있는 사람에 대한 정보를 작성하는 공간이 따로 있다. 대학이나 대학원 입학시에는 추천인이 추천서를 작성해서 지원자를 support하는데 이러한 추천인의 개념도 있을 수 있지만, 취업이나 이직에서는 지원자가 실제로 어떠한 사람인지, 혹은 이력서나 커버레터 등에서 작성한 내용이 사실에 입각한 것인지 등을 알아보기 위한 역할을 하게 된다.

실제로 이러한 reference 시스템은 국내에서 지원자의 평판 조회를 위한 목적으로 활용이 되고 있다. 최근에는 그 비중이 점차 높아지고 있는데, 최근 자주 발생했던 유명 인사들의 학력 위조 사건 등이 크게 작용했기 때문이다. 당신이 이력서 등에 작성하는 내용이나 면접에서 전달하는 경력 등에 대한 메시지를 그대로 믿지만은 않겠다는 뜻이다.

지원자의 이전 직장에서 함께 근무한 상사, 동료, 거래처, 협력사 등의 직원들이 그 지원자에 대해서 어떻게 평가하는지를 알아본다. 당신의 업무적인 부분과 업무 외적인 부분에 대한 평판을 알아보는 것이다. 당신이 새로운 도전을 위해서 이직을 원한다고 했지만 실제로는 박 부장과의 갈등 때문이라는 사실을 알아낼 수도 있다는 뜻이다. 또한 당신이 ○○ 프로젝트를 말아먹은 후에 어쩔 수 없이 퇴사를 했다는 사실도 발각이 될 수 있다. 비밀이 있을 수 없다.

모 그룹의 경우에는 경력자 채용시에 최종 합격 여부를 이 평판 조회의 결과로 결정하기까지 한다. 실제로 평판 조회를 통하여 경력자를 채용한 기업들의 경우에도 평판의 결과가 좋았던 지원자가 일도 잘한다는 의견을 내놓고 있다. 따라서 전 직장에서 본인의 평판에 자신이 없거나 혹시라도 부정적인 영향을 끼칠 수 있는 사람들이 있다는 생각이 든다면 자신의 평판을 알려줄 수 있는 사람을 미리 만들어 놓는 것이 좋다. 이력서에서 얼마든지 전달 가능한 부분이다. 그렇게 되면 그 사람들을 통하여 지원 회사에 자신에 대한 긍정적인 이미지를 충분히 전달해 줄 수 있기 때문이다.

이 reference는 지원하고자 하는 분야와 관련도가 높은 사람일수록, 그리고 능력과 실력을 인정받은 사람일수록 유리하다. 일반적으로는 현 직장의 상사 등이 이 reference에 가장 많이 등장하는데, 국내의 경우에는 이직이 비밀리에 이루어지는 경우가 많기 때문에 이 reference에 대한 정보를 작성하는 것이 쉽지는 않다. 현 직장에서 reference를 찾기 어렵다면, 전 직장의 상사에게 부탁해 보는 것도 좋은 방법이다.

이렇게 주위 사람들을 관리해두는 것은 상사에게 억지로 잘 보이려고 하거나, reference를 통하여 지원 회사를 속이는 행동이 아니다. 오히려 성공적인 이직을 위한 전략의 한 부분으로 보아야 마땅하다. 어찌되었든, 주위 사람들을 잘 관리하기 위해서는 당신이 그만큼의 경력을 쌓아야 하고, 일정 수준 이상의 능력을 갖추어야 한다. 이러한 기본적인 조건을 갖춘 후에 주위 사람들을 관리해야만 그들도 당신이 원하는 대로 따라와 줄 것이다.

당신은 업무 외적인 부분에 자신이 있는가? :

평소에 주위 사람들을 어떻게 관리하여 왔는가? :

당신 주위의 사람들은 당신을 어떻게 생각하고 있는가? :

Reference로 내세울 수 있는 사람을 생각해보자. :

2

당신의
움직임을
파악하라

직장인들에게 이직이 중요한 과정이 아니라면 굳이 시간을 들여서 경력을 업데이트하고, 커리어를 관리하는 노력을 하지 않아도 좋을 것이다. 그저 어떻게 하면 현재의 직장에서 승진을 하고, 자리를 잡고, 안정된 생활을 할 것인가만 신경을 쓰면 된다. 하지만 이직이 능력의 척도가 되고 있는 지금, 당신은 언제든지 움직일 준비를 해야 한다. 따라서 당신은 당신의 움직임을 파악할 필요가 있다.

직장인 10명 중 9명 정도가 이직을 상당히 긍정적으로 생각하고 있고, 7명 이상은 벌써 한 번 이상 회사를 옮긴 경험이 있고, 5명은 현재 이직을 준비하고 있는 것이 현재의 실정이다. 따라서 어떻게 보면 처음에 어떤 회사를 들어가는가 하는 것보다 어떤 회사로 이직을 하여 자리를 잡는가 하는 것이 더 중요해질 수 있다. 하여튼 너도 나도 모두 이직을 할 궁리를 하고 있는 것으로 보인다.

우리나라의 경우에는 이직이 커리어 관리의 한 부분으로 자리잡은 것이 그렇게 오래되지 않는다. 따라서 아직까지 충분한 통계를 바탕으로 이직의 성공과 실패를 분석하는 것은 어려울 수 있다고 본다. 하지만 분명한 목적을 갖고 자신이 미리 설계해 본 커리어 패스에 따라서 더 좋은 환경으로 움직이는 것은 개인이나 기업 모두에게 긍정적인 영향을 끼치고 있다고 믿는다.

자신이 일하고 있는 업계의 움직임을 큰 그림으로 보는 능력도 필요할 것이다. 이것은 다른 사람들의 움직임을 통하여 나의 움직임을 파악하는 방법이라고 생각하면 이해가 쉬울 것이다.

A회사에서 정말로 일을 잘하기로 소문난 서 과장이 B회사로 이직을 했다. A회사는 C회사에서 일하던 염 대리를 스카우트했다. 이제 막 과장을 달 수 있을 정도의 경력을 갖춘 지원자이다. 염 대리가 떠난 C회사는 염 대리와 비슷한 경력을 갖춘 사람들 찾기 위해 헤드헌팅사를 통하여 여러 지원자를 물색한다. 서 과장 한 명의 움직임으로 인하여 업계에서 이직의 연쇄반응이 일어나고 있는 것이다.

서 과장이 이직한 B회사에서 근무하고 있던 백 과장은 퇴직 후 잠시 재충전의 시간을 가진 후에 A회사에 부장으로 이직을 하였다. 어제의 적군이 오늘의 아군이 된다. 기업체는 비워진 자리를 잠시라도 그냥 놓아두지 않으려 한다. 빨리 다른 사람으로 그 자리를 채워주어야만 업무가 원활하게 돌아갈 수 있기 때문이다. 당신이 조금만 관심과 노력을 기울인다면 이러한 업계의 큰 흐름을 파악할 수 있을 것이며, 당신의 움직임을 파악할 수 있는 아주 소중한 정보로 활용할 수 있을 것이다.

　필자는 이러한 이직의 상황을 전세방에 비유하고 싶다. 전세방 주인은 세입자가 떠나게 되면 전세금을 돌려주어야 한다. 목돈인 전세금을 다른 목적으로 활용하고 있을 경우에, 주인은 빠른 시간 내에 새로운 세입자를 찾아서 이전 세입자에게 전세금을 돌려주는 방법을 사용한다. 사람이 난 자리에 가능하면 빨리 새로운 사람을 들여야 한다.

　그냥 단순하게 일만 열심히 한다고 해서 성공적으로 이직을 할 수 있다고 보지 않는다. 업무적으로 그리고 업무 외적으로 능력과 자질이 충분하더라도 언제, 어떻게 움직일 것인지를 파악하지 못한다면 계속해서 지금 그 자리에 머무르게 될 확률이 높다.

　물론 지금 그 자리에서 더 성공하게 될 수 있다. 하지만 우리는 지금 성공적인 이직의 기술을 알아보고 있는 중이다. 지금 그 환경에서 성공하는 것이 아니라, 이직을 통하여 성공하는 방법을 알아보고 있다는 점을 기억하자.

　당신은 어떻게 새로운 전세방을 알아보고, 언제 그 전세방으로 이사를 갈 것인가?

어떻게 움직일 것인가?

　이직을 하는 경로는 크게 3가지로 나누어 볼 수 있다. 가장 일반적인 방법은 본인 스스로 알아서 직접 움직이는 것이다. 또한 일하면서 알게 된 지인을 통하는 경우가 있고, 나머지 하나는 90년대 들어서 본격적으로 시작된 헤드 헌팅사를 통하는 방법이 있다.

보통 입사한 지 1~3년은 대리 이하 평사원급으로 주니어급으로 분류되고, 4~8년 정도의 경력의 대리급은 미들급, 그 이상의 경력을 갖춘 과장이나 부장급은 시니어급으로 분류가 된다. 더 높은 직급은 임원급으로 다루어지게 된다.

직급의 높고 낮음과 관계 없이 최근에는 한 가지 경로로만 이직할 회사를 알아보지 않는다. 이력서를 작성해서 본인이 직접 이직할 자리를 찾아보기도 하고, 지인을 통하여 가능한 자리를 알아보기도 하고, 헤드 헌팅사에 이력서를 등록하고 연락을 기다리기도 한다. 동시에 진행해서 가장 마음에 드는 자리를 찾게 되는 것이다. 이직이 활발해지면서 이직을 도와주는 업체들도 많이 생겼고, 또 관련 업체들의 서비스가 좋아지고 다양해지면서 이직이 더 활발해지는 순환이 계속되고 있는 것이다.

어떤 경로를 통하든 앞에서 우리가 알아본 모든 길라잡이는 성실하게 마쳐야 한다. 그래야만 다음의 대표적인 3가지 움직임에 따라서 갖추어야 하는 자세와 유의 사항을 잘 이해할 수 있을 것이다.

① 채용 공고를 통한 이직

당신이 먼저 제안을 하는 경우는 가장 일반적인 이직의 과정이다. 1장에서 알아본 진짜 이유로 인하여 현재 일하고 있는 회사를 떠나려고 한다. 혹은 벌써 떠났을 수도 있다. 가능하면 공백기간 없이 새로운 일자리를 찾아야 한다. 앞에서 알아본 변화된 취업 환경에 적응하는 자세로 각종 취업 포털 사이트를 통하여 본인에게 맞는 일자리를 찾는다. 운이 좋다면 괜찮은 회사의 채용 공고를 빨리 발견할 수 있을 것이다.

쉽게 마음에 드는 정보를 찾을 수 없다면 본인이 생각하고 있는 회사의 홈페이지를 방문하여 인력풀에 본인의 이력서를 등록할 수 있다. 이런 경우에는 수시 채용의 과정으로 기업측에서 인력을 필요로 할 경우에 인력풀을 활용하여 가능성 있는 지원자에게 연락을 취하게 된다.

주로 평사원급과 대리급은 채용 공고를 직접 찾아서 이직을 하는 경우가 많다. 과장/부장급이나 임원급에 비해 활발하고 공격적인 이직을 할 수 있는 시기이기도 하고, 이직 시장에서 가장 많이 필요로 하는 직급인 이유이기도 하다. 또한 상대적으로 취업 포털이나 취업 카페 등에서 정보를 얻는 것에 익숙하기 때문이기도 하다.

하지만 인터넷에 공개된 채용 공고를 보고 지원하는 경력자가 한둘이겠는가? 또 인력풀에는 하루에도 몇백 통의 이력서가 등록이 되겠는가?

따라서 먼저 제안을 하는 경우에는 신입으로서 처음 일자리를 찾는 과정과 별반 다를 것이 없다. 취업 시장에서 자신의 입장이 신입에서 경력자로 바뀌었다는 것을 빼고는 말이다. 확실하게 적극적인 자세로 이직을 준비할 필요가 있는 것이다. 자존심이고 뭐고 다 필요 없다. 내가 적극적으로 나서지 않는다면 아무도 나에게 관심을 보여주지 않을 수 있다. 왜? 나와 비슷한 경력을 가진 다른 경력자들은 적극적으로 나올 테니까. 그리고 아무도 나를 도와주지 않을 테니까.

최근 필자와 함께 이직을 준비한 두 명의 경력자는 적극적인 자세가 얼마나 중요한지를 확실하게 보여주었다.

한 경력자는 경력 4년차의 대리로 모 주류 회사로의 이직을 준비하고 있었다. 이 지원자는 면접을 앞두고 이직하려는 회사에서 판매하고 있는 모든 종류의 술을 구매하여 시음을 해보았다. 그 중에서는 최근 시판된 제품도 있었는데 특히 이 제품을 중점적으로 분석해 보았다. 그리고 면접을 통하여 이러한 사실을 전달하고, 소비자의 입장에서 그 제품을 냉정하게 평가해 보였다.

또 다른 경력자는 이직하려는 건설 회사의 공사 현장을 방문하여 둘러보았다. 서울 및 수도권 지역을 위주로 본인이 가볼 수 있는 모든 공사 현장을 방문한 후에 그 느낌과 함께 본인의 포부와 열정을 다시 한 번 강조하였다. 결과가 어땠을 것 같은가? 당연히 두 경력자 모두 이직에 성공하여 열심히 일하고 있는 중이다.

누가 시키지도 않았고 필수적으로 해야 하는 일도 아니었다. 하지만 그들은 그렇게까지 하면서 내가 정말로 이 일을 원하고 있고, 이 회사에 관심이 있다는 것을 표현하였다. 말로는 누구나 다 할 수 있다. 행동으로 옮기기가 어려운 것이다. 나는 경력자인데 이렇게까지 할 필요가 있을까라는 생각이 드는가? 아마도 위의 두 지원자에 밀려 탈락한 경쟁자들은 그렇게 생각을 했을 것이다.

주로 어떤 취업 포털에서 채용 공고를 찾는가? :

지원 회사의 정보를 얻기 위하여 어떤 노력을 하는가? :

② 지인을 통한 이직

직장인들은 지인을 통해서 또 새로운 지인을 만든다. 더 공격적인 방법으로는 동문회나 인터넷 카페, 온라인 동호회 등의 활동을 통해서 차츰 본인의 인맥을 넓혀간다. 그들의 대부분은 직장 생활에서 인맥이 왜 중요한지 잘 알고 있다. 업무상 필요한 정보가 있거나 이직을 할 때 이 인맥은 본인의 가장 중요한 무기가 될 것이다.

하지만 지인을 통한 이직은 주위 사람들을 잘 관리해 두었을 경우에나 가능한 이야기이다. 지금 당신이 일하고 있는 사무실의 동료와 선후배들이 가장 강력한 지인이 된다. 당신이 어떻게 일하는지를 잘 알고 있고, 어떤 사람인지도 안다. 즉, 당신의 업무적인 부분과 업무 외적인 부분 모두를 경험하고 있는 사람들이다. 그들이 다른 곳으로 떠난 후에 언제 어떤 방법으로 당신에게 새로운 자리를 제안할지 아무도 모른다.

또는 당신이 일하고 있는 회사의 거래처, 관계사, 협력사에 있는 사람들 모두가 당신의 지인이 될 수 있다. 그들 역시 당신이 얼마나 열심히 일해왔는지 잘 알고 있고, 옆에서 당신을 보아왔다. 당신의 능력이 자신들에게 필요하고 당신이 쓸모 있는 사람이라는 생각이 들면 솔깃한 제안을 하게 될 것이다.

필자는 면접관으로 활동하면서 이와 비슷한 케이스를 많이 경험하였는데, 그 중 한 에피소드를 공개해 보겠다. 패션 업계에서 일하던 전 과장은 조금 더 넓은 환경에서 일하고자 하는 욕심으로 A라는 회사에서 B라는 회사로 이직을 하였다. 경쟁자가 많았었고, 전 과장 역시 수많은 지원자 중 한 명에 불과했었다. 하지만 적극적인 자세와 일에 대한 열정을 충분히 보여주었기에, 필자의 기억 속에 오래도록 남아 있었다.

6개월 후 전 과장과 함께 일했던 임 대리의 면접을 보게 되었다. 임 대리 역시 B라는 회사로 이직을 원했었지만, 6개월 전에는 마땅한 자리가 오픈되지 않았었다. 6개월이 지난 지금 임 대리는 전 과장의 적극적인 추천으로 B라는 회사로의 이직을 위한 면접을 보러 왔다. 다른 경쟁자는 없었다. 왜냐하면 6개월간 전 과장이 열심히 닦아 놓은 것을 바탕으로 B라는 회사에서는 전 과장을 무한 신뢰하게 되었으니까. 전 과장이 추천하는 사람은 당연히 오픈된 position에 적임자라는 생각을 하게 되었던 것이다. 사실상 채용을 거의 확실시하고 형식적인 느낌으로 진행된 면접에 불과했다.

임 대리는 전 과장이 경험한 경쟁이나 모험을 겪지 않았다. 물론 임 대리가 그에 맞는 경력과 능력을 갖추고 있는 것은 사실이다. 하지만 그렇다는 이유로 모두 B라는 회사로 이직을 할 수 있는 것은 아니다. 임 대리가 그저 이전 회사에서 전 과장과 함께 일하면서 자신의 능력과 자질을 충분히 보여주었기 때문에 가능했던 일이다.

최근에 직장인 2명 중 1명은 현 직장을 지인에게 추천할 의향이 없다는 신문 기사를 보았다. 복리 후생이 별로이거나 추천 후 관계가 악화될 것을 염려하여 추천하지 않는다는 내용의 기사였다. 그런데 반대로 생각해보면 나머지 1명은 당신에게 자신의 회사를 추천해준다는 뜻이다. 자신들의 회사에 이득이 될 수 있고, 지인에게도 좋은 기회일 것 같다는 의견이 다수의 이유였다.

또한 10명 중에 8명 정도는 지인이 필요로 하다면 적극적으로 도와줄 의향이 있다고까지 했다. 회사와 관련된 정보를 제공하고, 자신의 직급을 이용해서 인사 담당자에게 정보를 제공하는 등의 노력을 한다는 구체적인 답변도 있었다.

지인들이 이 정도로 생각을 해주고 있다면 우리도 기쁘게 받아들여야 하겠다. 지인을 통하여 최대한의 정보를 얻어야 한다. 지인을 통한다는 것은 예전에 우리가 흔히 말하던 '빽'이 아니다. '내부 추천'이라는 좋은 말로 바뀌었다. 추천을 해서 되면 좋은 것이고, 안되면 안 되는 것이지 지인을 통해서 안 되는 것을 무조건 되게 한다는 뜻이 아니다. 따라서 지인을 통하는 것에 부담을 느낄 필요는 없다. 오히려 그쪽에서 당신의 능력이 필요해서 지인이 추천을 한 것이다. 당신은 지인을 통하여 괜찮은 자리가 있다는 정보를 조금 더 빠르게 알아냈을 뿐이다. 일단은 이것만으로도 당신은 다른 경쟁자보다 먼저 출발한 셈이 될 것이다.

관심이 있는 회사의 수시 채용에 지원하거나, 취업 포털을 통하여 지원한 곳에 당신의 지인이 있을 수도 있다. 그렇다면 연락을 취하라. 당신의 상황을 솔직하게 설명하고 도움을 요청하라. 어떤 사람을 필요로 하는지, 면접에서는 주로 어떤 것을 중요하게 생각하는지, 회사는 현재 어떤 상황에 있는지, 나의 연봉은 얼마나 더 올릴 수 있는지 등의 궁금한 것을 모두 물어볼 수 있을 것이다. 다른 경쟁자보다 먼저 출발한 것 이상의 소득을 올릴 수 있을 것이다.

하지만 모방 이직이라는 함정도 존재한다. 먼저 회사를 떠난 선배나 동료들의 권유만 믿고 이직을 했다가 낭패를 보는 경우도 있다. 상대적으로 수월하게 이직할 수 있다는 유혹에 빠져서 이성적인 판단을 내리지 못하는 것이다. 실제로 이런 모방 이직의 경우에는 10명 중 7명 이상이 본인의 이직에 만족스러워하지 못하고 있다.

지인을 통하는 이직은 어떻게 보면 직접 이직을 하는 것보다 더 쉬울 수 있지만 반대로 생각하면 그만큼 본인이 책임을 져야 하는 부분이 더 많을 수 있다. 모방 이직과 같이 무작정 움직였다가 실패하는 경우도 있고, 또 이직 후에 지인과의 사이가 더 안 좋아질 수도 있다. 이직 후에 회사가 마음에 들지 않아도 지인을 생각하면 쉽게 회사를 떠날 수도 없고, 신경을 써야 할 부분이 더 많아질 수 있다.

본격적으로 움직이고 나서야 부랴부랴 지인을 찾아 나서거나 지인을 만드는 경우들도 발생할 것이다. 또한 당신이 지인이라고 생각하던 사람들이 진정한 지인인지, 내가 그 동안 지인을 만들어 오기는 했었는지, 나는 그 누구의 지인이 되고 있는지 등도 심각하게 생각해보게 될 것이다.

지인을 통한 이직

당신의 이직을 부탁할 만한 지인이 있는가? :

인맥을 넓히기 위하여 어떤 노력을 하고 있는가? :

③ 헤드 헌팅사를 통한 이직

헤드 헌팅을 통한 이직은 처음에는 과장/부장급 이상이나 임원급들이 주로 활용하는 방법이었다. 헤드 헌팅사는 이러한 높은 직급의 이직에 대한 노하우를 갖추고 있고, 고급 정보도 제공한다. 또한 철저하게 비밀이 보장되어 믿고 맡길 수 있다는 장점이 있다. 최근에는 대리급이나 평사원급으로도 많이 확대되어서 누구든지 헤드 헌팅사를 통하여 이직을 준비하고 있는 실정이다.

직장을 다니면서 이직을 준비한다는 것은 쉽지 않은 일이다. 필자와 함께 이직을 준비하는 경력자들 역시 상당수가 비밀스럽게 이직을 준비한다. 따라서 급한 경우에는 화장실에서 필자에게 몰래 전화를 거는 웃지 못할 상황도 발생하곤 한다. 헤드 헌팅사를 통하면 이러한 수고를 덜 수 있다. 본인은 현재의 직장에서 열심히 일만 하면 되고, 헤드 헌팅사에서 당신을 위한 좋은 자리를 추천해 줄 것이다. 물론 고급 정보도 함께 말이다.

하지만 그 이면에는 지원자가 꼭 생각해 보아야 할 부분도 있다. 일단 기업체에서 인력이 필요하게 되면 거래하고 있는 헤드 헌팅사를 통하여 지원자를 받는다. 혹은 헤드 헌팅 관련 사이트를 통하여 공고를 띄우게 된다. 결국 헤드 헌팅사들도 한 자리를 놓고 경쟁을 하는 것이고, 헤드 헌팅사가 점 찍어 놓은 여러 지원자들도 자기네끼리 경쟁을 하는 셈이다. 자리는 하나인데 경쟁이 또 다른 경쟁을 낳는 순환이 반복된다.

헤드 헌팅사는 한 지원자를 이직시켜야만 그에 따른 보수를 받는다. 따라서 가능하면 많은 경력자의 이력서를 받아서 DB를 마련해 놓아야만 한다. 헤드 헌팅사에서 전화를 많이 받았다고 기분이 좋았는가? 당신이 훌륭한 지원자일 수 있다. 하지만 그들에게 당신은 자신들의 DB에 있는 여러 상품들 중 하나일 뿐이라는 점을 명심하라. 당신이 싫다고 하면 굳이 당신에게 매달리지 않는다. 다른 좋은 상품들이 많으니까.

역으로 말하자면 당신이 그 자리에 100% 맞지 않아도 당신에게 연락이 올 수 있다는 뜻이다. 가능성이 보이는 모든 지원자를 가지고 시도를 해봐야 하니까 말이다. 헤드 헌팅사에 대한 부정적인 의견을 말하는 것이 아니니까 오해하지 말았으면 좋겠다. 단지 지원자의 입장에 서서 필자의 의견을 제시하고 있는 것일 뿐이다. 다른 경쟁자가 있다는 사실을 각인시켜주기 위해서. 그리고 자만심을 갖지 않도록 하기 위해서.

또 한 가지 기억해야 할 점은 당신의 이직을 도와주는 사람의 말을 잘 들어야 한다는 것이다. 헤드 헌팅사에는 당신의 이직을 책임지고 담당하는 사람이 있다. 그들의 말을 잘 들어야 한다. 이력서, 경력 소개서, 자기 소개서 등의 문서를 작성할 때에도 그들이 원하는 구성이 있다. 그들은 당신이 어떻게 이력서를 구성해야지 지원 회사에서 마음에 들어 하는지를 알고 있는 사람들이다. 따지지 말고 그들이 이끄는 대로 따라가라. 성공적으로 움직이는 방법을 알려줄 것이다.

그들의 말을 잘 들으면서 그들의 친구가 되어서 가능한 많은 정보를 얻어내야 한다는 것도 잊지 말자. 따로 준비하지 않아도 될 수 있다는 생각은 절대 금물이다. 이러한 안일한 생각으로 다 된 밥에 코 빠트린 사람들을 수도 없이 많이 보아왔다. 면접에서는 무엇을 주로 물어 보는지, 정확하게 어떤 사람이 필요한 것인지, 자신의 능력 중에서 어떤 부분을 가장 마음에 들어 하는지 그들에게 물어보라.

마지막으로 먼저 제안을 받았다면 내가 이대로 움직여도 좋은지를 자신에게 물어보기 바란다. 먼저 제안을 받는 상황은 가만히 열심히 일하는 사람을 옆에서 누가 찌르는 상황이니까, 정작 자신에게는 지금 움직일 생각이 없었을 수도 있다. 1장에서 알아본 내가 이직하려는 진짜 이유를 찾아내는 과정이라고 생각하면 쉽겠다. 누가 옆에서 찌르는 것이 당신이 이직하려는 진짜 이유가 될 수도 있다. 하지만 누가 찔러서 하는 이직으로 만족할 수 있겠는지 한번 생각해 보아야 할 것이다.

헤드 헌팅사를 통한 이직

이력서를 등록한 헤드 헌팅사가 있는가? :

헤드 헌팅사를 통하여 이직 제의를 받아본 적이 있는가? :

언제 움직일 것인가?

어떻게 움직일 것인지가 이직의 방법이라면, 언제 움직일 것인지는 이직의 시기라고 하겠다. 1장에서는 왜 움직이려고 하는지를 알아보았고, 바로 앞에서는 어떻게 움직이려고 하는지를 알아보았다. 이유가 분명하고 방법도 알았는데 적절한 시기를 놓친다면 성공적인 결과를 가져오지 못할 수도 있다.

몇 년 전에 그토록 가고 싶어했던 회사로 이직을 했던 권모 씨를 이직 후에 우연히 만난 적이 있다. 진행이 원활했고 이직 당시에 결과 역시 좋았었기 때문에 상당히 만족하면서 직장 생활을 하고 있을 것이라고 생각했는데 문제가 있었다. 연봉이 그 문제였는데, 권모 씨가 이직 후에 이전 직장의 연봉 체계가 바뀌면서 직원들의 연봉이 전체적으로 인상되었다. 만약에 권모 씨가 조금만 더 전 직장에 머물렀다면 지금은 훨씬 더 많은 연봉을 받으면서 일하고 있었을 것이다.

비단 연봉의 문제만이 아니다. A라는 자격증을 보유한 경력자가 많이 없었을 당시에 이 자격증을 보유하고 있던 신 과장은 이직을 생각했지만 이내 마음을 돌렸었다. 하지만 그로부터 몇 년 사이에 이 자격증을 보유한 경력자들이 엄청나게 많이 생겨나면서 신 과장의 자질은 특별한 자질에서 평범한 자질로 바뀌고 말았다. 그 당시에 신 과장이 그 자격증을 바탕으로 이직을 하였다면, 지금보다는 더 넓은 환경에서 더 높은 직급으로 일을 하고 있었을 것이다.

필자는 이력서나 면접 컨설팅을 받으러 오는 경력자들에게 꼭 묻는 질문이 있다.

"지금이 이직을 하기에 완벽한 시기라고 생각하십니까?"

이 질문에 시원하게 답변을 하지 못하는 경력자 중 대부분은 한 번도 이러한 질문을 스스로에게 물어본 적이 없다. 그리고 막상 이 질문을 받으면 당황하거나 스스로에게 다시 한 번 물어보고 심사숙고할 시간을 가지기를 원한다.

하지만 바로 답변을 할 수 있는 사람은 이미 많은 것들을 준비하고 있는 상태이다. 내가 지금 떠나도 된다는 것을 자신과 환경을 분석함으로써 충분히 파악하고 있는 것이다.

① 충분히 배웠다는 생각이 들 때

필자가 생각하는 첫 번째로 적절한 이직의 시기는 충분히 배웠다는 생각이 들 때이다. 이것을 스스로 판단하는 것이 쉽지는 않을 것이다. 또한 객관적이고 냉철하게 본인의 능력 정도를 파악할 수 있는 시험지가 존재하는 것도 아니다. 일반적으로 본인의 현재 수준을

파악해 볼 수 있는 몇 가지 일반화된 체크 리스트들이 존재하기는
하지만, 그런 것들 역시 일반적인 이야기일 뿐이지 모두에게 적용해
볼 수 있는 것은 아니라고 본다.

기업의 인사 담당자들은 직원이 한 직장에서 근무하기에 가장 적
당한 기간으로 4~5년을 꼽는다. 반면에 직원들은 2~3년을 꼽는다.
오래 있으면 있을수록 좋다는 의견도 있고, 상황에 따라 다르다는
의견들도 물론 있다. 중요한 것은 이러한 시기를 꼽는 이유에서 찾
아볼 수 있다.

일반적으로 인사 담당자들은 한 직원이 자신의 업무를 파악하여
익숙해지고, 자신의 조직에 완벽하게 적응할 수 있는 시기를 4~5년
으로 본 것이다. 반면에 직원의 입장에서는 2~3년이면 충분히 이러
한 것들을 이룰 수 있다고 보기 때문에 약 1~2년의 차이가 나는 것
이다. 분석을 해보면 직원의 입장에서 충분히 배웠다는 생각이 들
때 지원 회사의 인사 담당자는 그 직원이 아직 1~2년 정도 더 배워
야 한다는 생각을 할 수도 있다는 뜻이다.

앞의 1장에서 알아본 당신이 누구인지를 파악하는 과정을 여기에
서 활용해 볼 수 있다. 내가 지금 무슨 일을 하고 있고, 그 일이 얼마
나 중요한지, 그리고 진정으로 열심히 일을 해왔는지를 파악할 수
있다면 지금 자신이 충분히 배웠는지를 파악할 수 있을 것이기 때문
이다. 그리고 그 분석한 것을 바탕으로 인사 담당자들이 생각하는
1~2년의 차이를 줄일 수 있을 것이다. 다시 말하자면 나는 아직
2~3년의 경력을 갖추었지만 4~5년의 경력자가 갖춘 경험과 능력,
자질, 노하우와 맞먹는 그 어떤 것을 보여줄 수 있다는 것을 논리적
으로 설득하는 것이다.

충분히 배웠다는 것은 비단 업무 자체만을 말하는 것은 아니다. 한 조직을 이해하고 배운다는 것은 그렇게 짧은 시간 안에 이루어지지 않는다. 왜냐하면 조직 안에는 일이 있고, 사람이 있고, 문화가 있고, 거기에 맞는 공기가 있기 때문이다. 일 안에는 내가 하는 일과 다른 사람들이 하는 일이 있고, 사람 안에는 갈등이 있고, 문화 안에는 생활이 있고, 공기 안에는 스트레스와 압박이 있다.

따라서 충분히 배웠다는 것은 본인의 업무를 기본으로 하고, 본인의 회사에 있는 모든 세부적인 것들을 포함해야 한다. 그래야만 새로운 환경에서 일과 사람, 문화, 공기 등 모든 것을 새롭게 받아들일 준비가 되었다고 말할 수 있을 것이다.

첫 직장에 너무 오래 근무하지 말 것을 권유하는 헤드 헌터들도 있다. 이유는 한 곳에서만 근무하게 되면 자신의 상황을 다른 직장과 비교하기 어려울 수 있기 때문이다. 지금 적절한 수준의 연봉을 받고 있는지, 복지는 좋은 편인지, 업무가 지나치게 많은 편은 아닌지, 환경은 좋은지 등을 비교하여 평가하기 어려울 수 있다는 말이다.

또한 한 직장에서 오래 근무할 경우에는 상대적으로 자신의 능력이 과소평가될 확률도 있다. 처음 신입사원 때부터 지금까지 당신을 보아온 사람들에게 당신은 경력이 쌓이고 실적이 높아져도 여전히 어리다는 느낌을 줄 수 있다. 당신의 상사들은 당신의 올챙이적 시절을 기억하고 있기 때문이다. 그리고 당신이 모르던 것을 하나하나 알려주고 꼼꼼하게 챙겨준 사람들이기 때문이기도 하다.

충분히 배웠다는 것은 더 이상 배울 것이 없다는 뜻이 아니라, 더 많은 것을 배우는 데 한계가 있다는 뜻으로 이해하면 쉽겠다. 새로운 것을 더 배우지 않아도 당신의 업무를 수행하는 데 지장이 없거나, 기존의 환경, 문화 등에 굳이 더 이상 새로운 방식으로 적응해야 할 필요가 없을 때, 그리고 지인을 통하여 자신의 현재 상황을 정확하게 분석해 볼 수 있을 때, 바로 이때가 이직을 고려해보아야 할 적절한 시기가 될 것이다.

셀프 길라잡이 나는 왜 지금 이직을 하려고 하는가?

나는 현재의 직장에서 충분히 배웠다고 생각하는가? :

그렇다면, 그 이유는 무엇인가? :

다른 회사와 현재의 직장을 비교 분석해 볼 수 있는가?(환경, 문화, 연봉, 복지 등) :

② 나의 능력과 자질이 최상일 때

이건 너무나도 당연한 이야기일 수 있다. 나의 능력과 자질이 최상일 때 이직을 결정하는 것인데 이것 역시 스스로 판단을 내리기 어려울 수 있다.

많은 경력자들이 현재의 직장에서 승진을 하지 못하면 이직을 고려한다. 승진을 한다는 것은 더 많은 연봉을 받고 더 많은 역할이 주어진다는 뜻이다. 승진을 하지 못하면 더 많은 연봉과 역할을 보장받지 못하고 스스로 자신감이 없어지게 될 것이다. 물론 그래도 계속 회사에 다닐 수는 있다. 하지만 만족도가 차츰 낮아질 것이고 직장 생활에 회의를 느끼게 될 것이다.

그런데 현 직장에서 승진을 하지 못하는 것을 상황 탓으로만 돌릴 수는 없다. 자신의 능력과 자질이 그 정도에 미치지 못하거나 자신의 경쟁자가 상대적으로 더 뛰어난 능력과 자질을 갖추었기 때문이리라. 따라서 승진을 하지 못한다고 무작정 회사를 떠날 생각을 한다는 것은 적절하지 않다고 본다. 아니, 그 이전에 내가 가장 뛰어난 능력을 보이고, 충분한 자질을 갖추었을 때 이직을 했어야 한다.

우리는 이미 1장에서 자신을 충분히 분석해 보았다. 그리고 내가 어느 정도로 중요한 사람인지를 파악해 보았다. 나의 능력과 자질이 최상일 때 지금의 회사에서는 나를 가장 필요로 하게 된다. 그리고 인정을 받게 되고, 칭찬을 해주고, 대우가 달라지고, 상도 준다. 객관적으로 그리고 공식적으로 나의 회사에서 나를 인정해 줄 때가 나의 능력과 자질이 최상의 위치에 있을 때라고 본다.

능력과 자질이 최상의 위치에 올라있는 대부분의 경력자들은 자신들의 일을 즐기고 있다. 이직이 자연스러워진 이 시대에, 일을 하고 있는 환경보다는 무슨 일을 하는지가 더 중요해지고 있다. 즉, 어떤 회사에서 일을 하는지보다 어떤 일을 하고 있는지가 더 중요하다는 것이다. 왜냐하면 이 일을 바탕으로 다른 환경으로 움직이는 것이지 환경을 생각하여 나의 일을 바꾸는 것은 아니기 때문이다.

또 한 가지, 자신의 일을 즐기고 있는 대부분의 경력자들은 자신감이 있다. 내가 나의 일에서 최고가 아닐지라도 최고라고 자부한다. 최소한 스스로에게 그만큼의 용기를 주며 자신감을 불어 넣는다. 일을 즐기고, 일에 대한 자신감이 있을 때에는 환경도 자연스럽게 즐길 수 있다.

실제로 이직을 고려하는 직장인들의 과반수 이상은 연봉이 현재보다 낮아도 일이 마음에 든다면 이직을 할 수 있다는 입장을 보인다. 지원 회사에서 맡게 될 일을 즐길 수 있고, 현재 자신의 능력과 자질을 더 높은 위치로 옮길 수 있다면 환경은 특별하게 문제가 되지 않는다는 입장이다.

스스로에게 한번 물어보자. 나는 지금 나의 일을 즐기고 있는가? 나의 일에 대해서 자신이 있는가? 그리고 이런 나를 회사에서 인정해주고 있는가?

그렇다면 지금 당신의 능력과 자질은 최상의 위치에 있을 가능성이 높다.

나는 나의 일을 즐기고 있는가? :

나는 내가 하고 있는 일에 자신이 있는가? :

나의 능력과 자질은 최상인가?(그렇다면 그 이유는) :

③ 나를 진정으로 원하는 회사가 나타날 때

나는 내 자신과 환경에 대해서 충분히 많은 것을 배웠다. 그리고 지금 나의 능력과 자질은 최상이다. 하지만 나를 진정으로 원하는 회사가 나타나지 않는다면 아직은 움직이기에 완벽한 시기가 아닐 수 있다.

이것은 1장에서 알아본 왜 나를 필요로 하는가와 내가 무엇을 해줄 수 있는가를 파악하는 것과 아주 밀접한 관련이 있다. 지금 나의 능력과 자질을 진정으로 필요로 하고 있는 회사가 있고, 그 회사가 원하는 만큼 내가 해줄 수 있는 것이 있다면 이것이야말로 완벽한 이직의 시기일 수 있다는 뜻이다.

〈가상의 지원 회사 채용 공고〉

직 종	비서직 (2~3년 경력자)
업 무	일반 사무/총무 업무, 회계 업무, 비서 업무
자 질	영어 문서 작성 능력, 외국인 전화 응대 능력, 임원 업무 보조 경험
전 공	기술 문서 작성을 이해하기 위한 이공계 전공자 우대

위와 같은 채용 공고를 낸 회사가 있다. 회사가 채용 공고를 냈다는 것은 일단 사람이 필요하다는 뜻으로 볼 수 있다. 직종과 업무, 자질, 전공을 바탕으로 어떤 사람을 필요로 하는지 전달했다. 3년의 비서 경력이 있는 유 대리는 일단은 직종과 업무를 충족시키고 있다. 그리고 해외 법인과의 밀접한 업무를 통하여 영어로 문서를 작성하고 번역하며 외국인 담당자와 전화 통화하는 일이 잦았다. 또한 유 대리는 대학교에서 기계 공학을 전공하였기 때문에 기술적인 문

서를 이해하는 능력도 갖추고 있다.

지원 회사와의 면접을 통하여, 사장을 보좌하던 비서가 회사를 떠났기 때문에 위와 같은 능력과 자질을 갖춘 지원자를 찾게 되었다는 사실을 알게 되었다. 그리고 내가 무엇을 할 수 있는지를 정확하게 전달할 수 있었다.

지원 회사는 위와 같은 능력과 자질을 갖춘 사람이 절대적으로 필요하다. 나는 거기에 부합하는 능력과 자질을 갖추고 있다. 만약에 내가 아니라면 나의 비슷한 능력과 자질을 갖춘 또 다른 지원자를 찾게 될 것이다. 소위 나와 지원 회사와의 궁합을 미리 알아보는 과정이 되겠고, 이것으로 내가 움직여도 좋은지 그 시기를 판단해 볼 수 있다.

만약에 내가 많은 것을 아직 배우지 못했고 능력과 자질이 최상이 아니라고 할지라도 이직을 하게 될 수는 있다. 기업체 역시 어떤 이유로 인하여 완벽하게 일치하는 지원자를 찾지 못했을 경우에 다소 부족한 면이 있지만 가능성이 있는 경력자를 선택하게 되는 경우도 있으니까.

하지만 이런 경우에는 서로가 서로에게 좋은 짝이 되지 못할 수 있다. 경력자를 선호하는 이유는 짧은 시간 안에 업무에 투입이 될 수 있는 사람을 뽑기 위해서이다. 하지만 이직 후에 본인의 일을 완벽하게 익히고 수행하는 데 시간이 많이 걸리고 어려움을 겪게 된다면 개인의 입장에서뿐만 아니라 기업의 입장에서도 완벽한 시기가 아닐 수 있다는 뜻이다.

나를 진정으로 원하는 회사가 나타날 때

지금 나를 진정으로 원하고 있는 회사가 있는가?(채용 공고를 통해 분석) :

지원 회사에서 원하는 것과 나의 능력이 부합하는가? :

부합하지 않는다면 어떤 부분에 대한 능력과 자질이 더 필요한가? :

컨설팅을 받아라

나의 움직임을 파악하기도 어렵고, 그 시기를 판단하는 것은 더욱 어렵다.

그렇다. 직장인들은 바쁘다. 움직임에 대한 경로를 선택하고 움직여도 좋을 시기를 판단하는 것은 엄청난 시간과 노력을 필요로 한다. 그 시간과 노력만 들이면 좋은 곳으로 이직할 수 있다는 보장만 된다면 얼마든지 그렇게 할 수 있다. 하지만 시간과 노력을 들이는 것이 성공적인 이직을 완전하게 보장해 주지는 않는다.

이직을 결심하고도 막상 회사를 떠나지 못하는 가장 큰 이유가 무엇이라고 생각하는가? 가장 큰 이유는 마땅히 이직할 회사를 찾지 못해서이다. 그 다음으로는 경제적인 문제를 해결하기 위해서라는 의견과 더 좋은 회사에 이직하지 못할 것 같아서라는 의견이 뒤를 잇는다. 마음은 이미 떠났지만 몸은 떠나지 못하고 있는 것이다.

이런 상황에 처해 있다면 컨설팅을 받아볼 것을 적극적으로 권유하는 바이다. 컨설팅을 제공하는 사람들은 엄청나게 많은 케이스를 바탕으로 당신의 상황을 분석하여 줄 것이며, 어디로, 언제, 어떻게 움직여야 하는지에 대한 가장 좋은 방법과 길을 알려줄 것이다. 물론 최종적인 판단은 스스로 내려야 하겠지만, 그 판단을 내리는 데 유용한 많은 정보들을 알려줄 것이다.

먼저 커리어 컨설팅을 제공하는 업체를 찾아서 본인에게 맞는 커리어 패스를 설계해볼 필요가 있다. 내가 지금까지 무슨 일을 해왔는지, 어디까지 왔는지를 알 수 있을 것이며, 언제쯤, 어디로, 어떻게 움직여야 하는지에 대한 구체적인 계획을 세울 수 있을 것이다.

일단은 움직이기 전에 계획을 세우는 것이 중요하니까 앞에서 알아본 내 자신과 환경에 대한 파악, 그리고 이직 이유에 대한 분석 등을 모두 적용하여 나에게만 맞는 나만의 커리어 패스를 만들어 보도록 하자.

그 다음으로는 필자와 같이 문서와 면접에 대한 컨설팅을 제공하는 사람에게 도움을 받을 수 있겠다. 많은 정보들을 토대로 어떤 구성을 통하여 당신의 정보를 전달해야만 읽는 사람이 가장 편하게 읽을 수 있는지를 알고 있는 사람들이다. 또한 당신이 집중해야 하는 부분과 그 부분에 대한 당신의 경쟁력을 극대화하여 메시지를 전달하는 데 많은 도움을 줄 것이다. 국문 이력서와 자기 소개서는 물론이고 영문 이력서와 자기 소개서, 영어 면접 등에 대한 준비도 도움을 받을 수 있다. 이 역시 취업 환경에 대한 당신의 적응을 필요로 할 것이다.

마지막으로는 헤드 헌팅사를 통하여 좋은 자리를 추천받도록 하자. 당신 정도의 능력과 자질을 갖춘 사람이 움직일 수 있는 가장 좋은 자리를 알려줄 것이다. 당신과 함께 고민해 줄 것이고, 가능하면 많은 정보를 제공해 줄 것이다. 당신에게는 명확한 이직 사유가 있어야 하고, 경력을 과대 포장해서는 안 되며, 약속을 잘 지켜야 한다. 일반적으로 헤드 헌팅사에서는 지원자를 파악하기 위하여 사전에 약속을 잡아서 미팅을 하게 되는데, 이 약속을 잘 지키지 않거나 갑자기 작업을 중단하는 등의 행동을 하게 된다면 좋은 지원자라는 느낌을 주기 어려울 것이다.

무엇보다도 중요한 것은 컨설팅을 받기 위해서는 자신의 정보를 100% 공개해 주어야 한다는 것이다. 솔직하게 자신의 상황과 연봉,

그리고 부족한 부분 등을 모두 알려주지 않는다면 당신에게 잘 맞지 않는 방향으로 움직임을 알려주게 될 가능성이 높아진다.

당신을 도와주는 사람들이 아닌가? 그들이 원하는 대로 그리고 시키는 대로 잘 따라가 주는 것이 컨설팅을 잘 받을 수 있는 가장 좋은 방법이다. 그리고 당신은 그저 현재의 직장에서 열심히 일하고 있으면 된다.

직장인들 10명 중 6명 정도는 올 한해 헤드 헌터를 만나볼 의향이 있다고 한다. 당신의 경쟁자들은 벌써부터 이런 계획을 가지고 이직을 준비하고 있다는 것을 명심하자.

셀프 길라잡이　　컨설팅을 받아라

컨설팅을 받을 계획이 있는가? :

어떤 부분에 대한 컨설팅이 필요하다고 생각하는가? :

3
경력자는
이렇게 쓴다

필자에게 이력서 및 자기 소개서 컨설팅을 의뢰하는 대부분의 경력자들은 처음 만남에서 이렇게 말한다.

"입사한 지 너무 오래되어서 이력서와 자기 소개서를 어떻게 작성하는지 기억이 안 나네요."

기억이 안 나는 것은 너무나도 당연하다. 기억이 나지 않는다는 말에는 변화된 취업 환경에 대한 두려움도 포함되어 있다고 볼 수 있다. 경력자들은 보통 경력에 바탕을 둔 이력서와 상세한 경력을 설명하는 직무 기술서를 작성하게 된다. 이 역시 여러 가지 구성과 종류가 있는데, 앞으로 보다 상세하게 알아볼 것이다.

경력자들은 이력서와 자기 소개서 등의 문서를 구체적이고 세부적으로 작성해야만 한다고 하는데 그 이유는 무엇일까? 가장 큰 이유는 간략하게 작성된 경력 사항만으로는 지원자를 효과적으로 파악하기 어렵기 때문이다.

자, 생각을 해보자. 면접을 하기 전이라면 만나서 그 사람에 대해서 이것저것을 물어볼 수 없다. 그런데 이력서와 자기 소개서는 면접을 통해서 만나기 전에 제출하는 문서이다. 아니, 이 이력서와 자기 소개서를 바탕으로 만나서 더 궁금한 것을 물어볼 것인지 말 것인지를 결정하게 된다. 누차 말하고 있지만 경력자도 비슷비슷한 업무 능력과 자질을 갖춘 사람들이 엄청나게 많다. 일단은 이 이력서와 자기 소개서가 어느 정도 전달되어야 면접으로 갈 수 있는 티켓을 확보할 수 있지 않겠는가?

경력 이력서

신입은 이력서에 쓸 말이 없어서 고민하지만 경력자는 이력서에 쓸 말이 너무 많아서 고민을 해야 한다. 이 정도는 되어야 경력자로서 이직을 할 자세가 되었다고 말할 수 있다. 경력의 많고 적음은 크게 상관이 없다. 내가 하고 있는 혹은 했던 일을 효과적으로 전달하는 것은 그 일을 직접 해본 사람에게는 아주 기초적인 작업이 되어야 하니까.

필자가 감히 이야기한다. 당신이 지금 무슨 일을 얼마나 잘하고 있는지를 이력서상에 표현하기 힘들다면 아직 이직할 준비가 되지 않은 경력자라고. 이것은 아직 본인의 업무나 업계의 흐름을 정확하게 파악하지 못하는 경력자로 볼 수 있다는 뜻이다. 내가 무슨 일을 어떻게 잘했고, 그것이 회사에 어떤 이익이 되었는지, 그리고 업계 전체로 보았을 때 어느 정도의 업적인지 설명하지 못한다면, 그 사람은 아직 회사를 떠나서 더 넓고 높은 곳으로 움직일 수 있는 준비가 안 된 경력자로 보아야 마땅하다. 이것을 모르고 자신이 더 뛰어나다는 것을 어떤 방법으로 설득할 수 있겠는가? 왜 나를 뽑아야만 하는지에 대한 이유를 어떻게 논리적으로 댈 수 있겠느냔 말이다.

1장에서 신입과 경력의 이력서 항목에 대해서 간단하게 개념을 잡았었다. 지금 여기에서는 그 항목들이 어떤 의미가 있는지를 보다 상세하게 알아보도록 하겠다.

〈신입 시절〉

- 교육 사항 – 정규 교육(대학교 및 대학원)을 위주로 전공과 관련된 과목을 상세하게 기술한다. 신입은 업무 관련 경험이 부족하기 때문에 이 부분이 가장 큰 경쟁력이 될 것이다.
- 관련 경험 – 경력이 아니라 관련 경험이라고 한 이유는 경력이라고 부르기에는 다소 부족한 면이 있기 때문이다. 인턴십이나 파트 타임 경험 등을 포함할 수 있다. 이러한 경험이 자신이 현재 지원하는 분야와 관련이 높을수록 유리하다.
- 기타 활동 – 봉사 활동, 교내 동아리 활동, 그 밖의 모든 활동을 기술할 수 있다.
- 연수 사항 – 신입의 연수라면 일반적으로 어학 연수가 될 확률이 높다. 그 밖에 학원을 다녔던 내용 등을 포함할 수 있다.
- 자격증 – 교육 사항, 연수 사항과 맞물려서 본인의 경쟁력을 내세

울 수 있는 항목이다. 역시 자격증의 성격이 지원 분야에 도움이 된다면 경쟁력을 더 높일 수 있겠다.

- 수상 내역 – 신입의 수상 내역 중 가장 많은 것은 장학금이다. 그만큼 공부를 열심히 했다는 증거가 될 테니까. 이 외에 교내 외에서 받은 수상 내역을 정리할 수 있다.
- 기타 능력 – 가장 많이 작성되는 능력은 언어 능력과 컴퓨터 활용 능력이다. 토익 및 토플 점수 혹은 다른 언어 능력에 대한 점수를 포함할 수 있다. 위의 자격증에서 다루어도 좋고 따로 분리하여 상/중/하 정도로도 표현이 가능하다.

〈경력자〉

- 경력 사항 – 경력자이니까 당연히 경력 사항에 중점을 두어야 한다. 경력 사항은 경력 이력서의 꽃이다. 상세한 경력 사항을 정리해야 하는데 그 이유는 자신이 무엇을 했고, 무엇을 할 수 있는지를 알려줄 수 있는 가장 중요한 항목이기 때문이다.
- 교육 사항 – 교육 사항에 특별하게 힘을 실을 필요는 없다. 당신을 평가하는 항목은 위에 있는 경력 사항이지 그 전에 어떻게 공부를 했는지는 특별하게 중요하지 않기 때문이다.
- 연수 사항 – 오히려 이 부분이 위에 있는 교육 사항보다 훨씬 더 중요하다. 일하면서 익혔던 업무 관련 기술이나 능력은 이 연수 사항을 통하여 표현할 수 있다. 앞으로 더 상세하게 다룰 것이니까 지금은 이 정도만 이해하자.
- 기타 활동 – 경력자는 업무 외 다른 활동을 하지 않는다고 생각하는가? 그렇지 않다. 업무관련 세미나, 박람회, 전시회, 컨퍼런스

등의 모든 경험을 이 기타 활동에 포함할 수 있다. 경우에 따라서는 봉사 활동이나 사내 모임 등에서 활동한 내용을 포함할 수 있다.

- 자격증 – 자격증은 신입이나 경력자 모두에게 중요하다. 경력자의 경우에는 특히 업무 중에 취득한 자격증이 있다면 훨씬 더 많은 도움이 될 것이다.
- 수상 내역 – 앞에서 나온 모든 항목에 대한 객관적인 증거를 제시할 수 있는 항목이다. 우수 사원상, 공로상, 인센티브, 특진 등 모든 내용을 포함할 수 있다. 역시 앞으로 더 상세하게 알아볼 것이다.
- 기타 능력 – 언어와 컴퓨터 활용 능력은 가장 기본적인 사항이다. 그 밖에 업무에 도움을 줄 수 있는 능력들이 있다면 모두 기술할 수 있다.

위의 항목들은 가장 중요한 순서대로 나열한 것이다. 물론 일반적으로 사용하는 이력서는 위와 같은 순서대로 만들어져 있지는 않다. 하지만 경력자라면 경력자다운 이력서를 구성하는 것도 익힐 필요가 있는 법. 앞으로 조금 더 상세하게 알아보도록 하겠다.

<table>
<tr><td rowspan="4">사 진</td><td colspan="4" align="center">이 력 서</td></tr>
<tr><td>성 명</td><td>인</td><td colspan="2">주 민 등 록 번 호</td></tr>
<tr><td>생년월일</td><td colspan="3">20 년 월 일생(만 세)</td></tr>
<tr><td colspan="4"></td></tr>
<tr><td>주 소</td><td colspan="4"></td></tr>
<tr><td>호 적 관 계</td><td>호주와의 관계</td><td></td><td>호주성명</td><td></td></tr>
<tr><td>년 월 일</td><td colspan="3">학 력 및 경 력 사 항</td><td>발 령 청</td></tr>
<tr><td></td><td colspan="3"></td><td></td></tr>
<tr><td></td><td colspan="3"></td><td></td></tr>
<tr><td></td><td colspan="3"></td><td></td></tr>
<tr><td></td><td colspan="3"></td><td></td></tr>
<tr><td></td><td colspan="3"></td><td></td></tr>
<tr><td></td><td colspan="3"></td><td></td></tr>
<tr><td></td><td colspan="3"></td><td></td></tr>
<tr><td></td><td colspan="3"></td><td></td></tr>
<tr><td></td><td colspan="3"></td><td></td></tr>
<tr><td></td><td colspan="3"></td><td></td></tr>
<tr><td></td><td colspan="3"></td><td></td></tr>
<tr><td></td><td colspan="3"></td><td></td></tr>
</table>

<비주얼적인 요소를 가미한 이력서>

이　력　서

★ 기초자료

	응시직종	

성　　　명			
주민등록번호			
전 화 번 호		휴 대 폰	
주　　　소			
E-mail			

★ 학력사항

기　　간	학　교　명	학　　과

★ 경력사항

기　　간	근　무　처	담 당 업 무

★ 자격 및 면허, 교육

취 득 연 월 일	자 격 · 면 허 · 교 육 명	발 행 처

★ 가족사항

관　계	성　　명	연　령	학　력	직　업	동 거 여 부

★ 개인능력

외국어 능력	상□ 중□ 하□	TOEIC	
컴퓨터 능력	기본 OA :		
취미 및 특기	취미		
	특기		

〈진화된 경력자용 이력서〉

이름
주소기입
연락처 기입
이메일 주소 기입

지원분야

핵심 경쟁력

경력사항

•

•

기타 경력사항

•

•

학력사항

•

•

연수경험

•

•

해외경험

•

•

수상내역 및 기타사항

•

•

① 먼저 틀에서 벗어나라

당신이 지금 사용하고 있는 이력서의 양식을 한번 들여다보라. 너무 일반적이고도 정형화된 구성으로 만들어져 있지는 않은가? 학력, 경력, 기타 사항 옆에 차지하고 있는 빈 칸의 크기가 얼마나 되는가? 아마도 바로 앞에 있는 칸으로 구성된 이력서와 비슷한 양식들을 사용하고 있을 것이라고 생각한다.

우리가 지금 사용하고 있는 일반적인 구성의 이력서는 너무 제한적이다. 그 이유는 상세한 내용을 작성할 수 있는 칸 자체가 크지 않기 때문이다. 따라서 지원자가 더 이상의 내용을 작성할 수 있는 노력 자체를 막고 있다고 볼 수 있다. 그렇다. 우리는 이 정형화되고 일반화된 양식에 너무나도 길들여져서 더 이상의 작성할 내용을 생각해보지도, 생각할 수도 없는 것이다.

물론 지원 회사에서 양식을 제공하는 경우도 있다. 또한 온라인상에서 바로 이력서를 제출하는 경우에는 주어진 칸 안에 모든 내용을 담아야만 한다. 이럴 때에는 주어진 칸 안에 내용을 담는 능력도 함께 본다. 모든 지원자가 동일한 양식에 최대한의 정보를 담으려고 노력한다. 공평한 기회가 제공되는 것이다. 여기에서도 편법은 있다. 회사에서 주어진 양식을 조금씩 변경하는 것이다. 칸을 한두 개 더 늘려서 내용을 작성한다고 해서 그 지원자에게 불이익이 돌아가지는 않는다. 오히려 편법을 사용하지 않고 주어진 칸 안에만 모든 내용을 담는 지원자가 상대적으로 더 적은 분량의 정보를 전달하게 되는 것이다.

자유 양식으로 제출하는 이력서에서는 얘기가 전혀 달라진다.

틀에서 벗어나라. 경력자답게 창의적으로 생각하라. 칸이 작다고 해서 그 칸 안에 모든 정보를 담아야만 한다고 생각하지 않으면 그만이다. 칸을 늘려도 좋고 양식 자체를 바꾸어도 좋다. 경우에 따라서는 칸을 없애도 좋다. 충분한 정보를 담을 수 있는 칸을 만들어놓고 무엇을 쓸 것인지 고민하기 바란다. 왜 이 생각은 하지 않고 꼭 그 안에 모든 내용을 담아야만 한다고 생각하는가?

무작정 분량과 정보만을 늘리라는 뜻은 결코 아니다. 이력서는 자신에 대한 객관적이고 사실적인 정보를 전달하는 문서인데, 지금 당신은 기본적인 정보조차도 제대로 전달하지 못하고 있다. 이렇게 빈약한 정보를 가지고서 면접관은 당신을 제대로 파악할 수 없고, 그 피해는 고스란히 당신이 앉게 되는 것이다.

자, 그럼 틀에 박힌 이력서가 어떤 식으로 정보를 제한하는지 다음의 이력서를 보면서 한번 알아보자. 이력서는 바로 앞에서 소개한 양식에서 경력 사항만을 따로 분리한 구성이 되겠다.

〈틀에 박힌 이력서〉

★ 경력사항

기　　　간	근　무　처	담　당　업　무
2002년 ~ 현재	세창기업	브랜드 마케팅

경력사항

세창기업, 서울   2002년 3월 ~ 현재까지

⊙ 생활용품에 집중한 브랜드 마케팅 담당

   – 기존 브랜드를 재포지셔닝하기 위한 신규 라인업 및 마케팅 활동

   – 기존 M/S 5%대를 기록하던 브랜드를 '06년 이후 7%로 성장시키는

     데 기여

⊙ 브랜드 유통망 구축

   – 국내 할인점 및 대리점으로의 판매 채널 구축 위한 BTB 업무 진행

틀에서 벗어나게 되면 위와 같은 엄청난 차이를 만들어 낼 수 있다. 당신이 인사 담당자라면 누구의 이력서에 더 많은 관심이 가겠는가?

흔히들 이력서는 정보를 최소화하여 작성해야 한다고 알고 있는데, 이것은 잘못 알고 있는 상식이다. 정보를 최소화하는 것이 아니라, 많은 정보를 간결화하는 것이다. 정보가 많으면 칸을 늘려서 많은 정보를 전달하면 그만인 것이다. 모든 조건과 환경을 우선 당신에게 최대한 유리하게 맞추어 놓은 후에 본격적으로 게임을 시작하자는 뜻이다.

각 항목에 대해서 작성한 세부 사항을 딱 한 줄씩만 더 생각해 보기 바란다. 한 항목당 한 줄씩만 더 추가되어도 이력서의 전체 분량은 2배가 될 것이며, 2배 더 상세한 정보를 전달할 수 있을 것이다.

나의 경력 사항 중 담당 업무를 아주 간략하게 작성해보자. :

간략하게 작성한 담당 업무를 2배로 늘려보자. :

2배로 늘린 담당 업무를 다시 2배 더 늘려보자. :

② 핵심은 경력 사항이다

부장이라는 타이틀이 혹은 프로젝트 총괄이라는 임무가 당신의 모든 것을 설명할 수 있는 것은 아니다. 물론 ○○그룹 ○○부서 ○○부장이라고 하면 당연히 당신이 어떤 정도의 위치에 있고, 대충 무슨 일을 했을 거라는 짐작은 할 수 있다. 이직하려는 회사에서도 그것 정도는 파악할 수 있다. 그러니까 당신을 지원자 중 한 명으로 생각하고 있는 것이 아니겠는가? 하지만 당신 혼자만 이러한 경력과 타이틀을 가지고 있는 것은 아니다.

필자와 함께 이력서를 준비하는 경력자들 중에서는 자신의 경력 사항을 '은행 업무', '호텔 업무', '영업 업무'… 이런 식으로만 작성하는 경력자도 있다. 아니, 많다. 하지만 이력서를 작성할 때에는 받아보는 사람이 자신의 업적이나 업무를 이해하고 인정할 수 있을 만한 수준에서 작성하여야 한다. 이력서는 쓰는 사람이 아닌 받는 사람의 입장에서 작성되어야 하니까.

"이렇게 작성하면 무슨 일을 했는지 다 알 수 있다니까요, 그냥 이렇게만 써도 됩니다." 이렇게 주장했던 경력자가 있었다. 만약에 이렇게 한두 줄만 작성해도 본인이 이직을 할 수 있는 상황이라면, 이직 회사측과 충분한 얘기가 오간 후에 형식적으로 이력서를 작성하는 상황이라면, (실제로 이런 경우들도 많다) 그냥 그렇게 작성해도 좋다.

하지만 내가 다른 지원자와 경쟁을 해야 하는 상황이고, 한 줄이라도 더 나의 경쟁력을 전달해야만 하는 상황이라면 절대로 위와 같이 작성할 수는 없을 것이다. 왜? 한 줄이라도 더 자랑을 해야 하니까.

회계라는 업무를 예로 들어 보겠다. 다음 3명의 지원자가 전달한 정보를 바탕으로 이들의 경쟁력을 인사 담당자의 입장에서 객관적으로 한번 평가해보자.

〈지원자의 경쟁력과 그에 따른 평가〉

경쟁력 ＼ 지원자	지원자 1	지원자 2	지원자 3	레 벨
기본적인 자질	5년의 회계 경력	5년의 회계 경력	5년의 회계 경력	10
추가 경력	·	국세청 감사 경험	국세청 감사 경험	5
특이 사항	·	·	조직 관리 경험	2
총 레벨	10	15	17	17

각 회사마다 기본적으로 해야 하는 업무는 비슷하다. 이것을 10이라고 보자. 그럼 5년간의 경력을 가진 경력자들은 모두 기본적으로 이 10은 다 채우고 있을 것이다. 3명의 지원자 중에서 한 사람은 경력 사항 전달에 소홀하여 이 10을 제외한 다른 경력 사항은 전달하지 않았다. 나머지 두 지원자는 국세청 감사 업무에 대한 특별한 경험을 추가적으로 전달했다. 15 정도까지는 전달이 된 셈이다. 이 두 지원자 중 나머지 한 지원자는 갑작스런 상사의 퇴사로 인하여 조직 관리 업무까지 경험을 해보았다. 17 정도의 경력을 전달하였다.

차이점을 알겠는가? 비슷한 학교를 졸업하고 비슷한 레벨의 회사에서 비슷한 업무를 한 3명의 지원자이다. 역시 이 2~3 정도 더 되는 경력 사항에서 당락이 결정되게 될 것이다.

경력 사항을 상세하게 작성해야만 하는 또 다른 이유는 자신의 역량을 정확하게 전달하기 위해서이다. 마케팅 업무라고 해서 모든 회사가 동일한 마케팅 업무를 하는 것은 아니다. 모든 회사의 영업이 동일한 제품을 동일한 경로를 통하여 판매하는 것도 아니다. 따라서 내가 구체적으로 무슨 일을 했는지를 잘 알리지 못한다면 내가 지원 회사에서 맡을 일을 충분히 소화해낼 수 있을지를 알려주기 어렵다.

이력서의 핵심 사항인 경력 사항에서 이것을 알리지 못하고 있는데, 지원 회사에서 어찌 그것을 알아낼 수 있겠는가? 어떻게 당신이 적임자인지를 파악할 수 있겠느냔 말이다.

셀프 길라잡이 핵심은 경력 사항이다

나의 기본적인 경력 사항을 정리하자. :

나의 특별한 경력 사항을 추가적으로 정리하자. :

그 밖에 나의 특수한 상황을 바탕으로 더 할 수 있는 일이 있는지 알아보자. :

나의 경력 사항은 나의 역량을 충분히 표현하고 있는가? :

③ 경력을 세분화하라

경력 사항이 중요한 이유는 설명했으니까 이제는 어떻게 작성하는지를 한번 알아보자.

경력 사항을 정리하는 가장 간단하고도 쉬운 방법은 경력을 세분화하는 것이다. 한 회사에서 근무한 내용을 날짜별, 직급별, 부서별, 업무별로 정리하면 된다. 이 부분은 업종별, 업무별, 직종별로 차이가 있을 수 있으니까 모든 경력자에게 공통되는 부분은 아니다. 이것 역시 당신의 몫이다. 내가 지금까지 한 일을 어떤 방법으로 정리해야 나의 경력을 가장 잘 전달할 수 있을지는 당신만이 알고 있는 사실이다.

누군가가 나의 몸뚱이에 대해서 설명을 해보라고 한다. 한두 줄 정도로 간략하게 설명을 하자면 이 정도 되겠다.

"저는 신체 건강하고, 지금까지 별다른 큰 병을 앓은 적도 없고, 현재도 하루에 한 시간씩 꼬박꼬박 운동을 하고 있습니다."

그럼 나의 몸뚱이를 세분화해서 설명을 해보자. 각 신체의 대표적인 부분을 짚어가는 방식을 택해 보겠다.

"저의 얼굴은 둥근 편이고, 어깨는 넓은 편입니다. 매일 운동을 하고 있기 때문에 전체적으로 다부진 체형을 가지고 있으며, 키는 177cm입니다. 손은 작지만 손재주가 있어서 섬세한 일을 잘합니다. 축구를 좋아해서 탄탄한 다리를 가지고 있습니다."

자, 그럼 마지막으로 한 단계씩만 더 들어가 보도록 하자.

"저는 최근에 기르던 머리를 짧게 잘랐습니다. 안경은 고등학교 때부터 착용하기 시작했고, 눈은 작은 편입니다. 얼굴은 전체적으로 둥근 편이지만 작은 눈 때문에 날카로운 인상을 줍니다. 귀는 부처님 귀이고, 입은 작지만 제가 하고 싶은 말은 확실하게 전달할 수 있습니다."

몸뚱이에 대한 일반적인 설명도 어디서부터 시작해서 어느 정도까지 깊게 들어가는지에 따라서 설명하는 내용이 달라지게 된다. 몸뚱이에 대한 일반적인 특성, 각 신체 부위가 가지고 있는 장점, 더 세부적인 히스토리에 대한 설명 등 어떤 방식을 택하는지에 따라서 전달할 수 있는 메시지도 달라지고, 몸뚱이에 대한 경쟁력도 달라질 수 있다.

　자, 그럼 다음 샘플을 통하여 동일한 경력 사항이 업무별, 직급별,
부서별로 어떻게 정리되는지 알아보도록 하자.

〈업무별 세분화〉

> 세창제약, 2002년 6월~현재
>
> *과장 : 병원영업부*
>
> ⊙ 신입사원으로 OJT 이후에 각 영업부서별 순환업무 경험 (2002년 6
> 월~2002년 12월)
>
> ⊙ 의원영업부 배치되어 경기도 지역 10개의 의원을 담당 (2003년 1월
> ~2004년 8월)
>
> ⊙ 10개의 거래처를 22개로 증가하는 데 공헌 (2004월 9월~2006년 10월)
>
> ⊙ 병원영업부 배치되어 서울지역 5개의 종합병원을 담당 (2006월 11
> 월~현재)

〈직급별 세분화〉

> 세창제약, 2002년 6월~현재
>
> *과장 : 병원영업부*
>
> ⊙ 사원 : OJT 이후에 각 영업부서별 순환업무 경험 (2002년 6월~
> 2002년 12월)
>
> ⊙ 사원~대리 : 의원영업부 배치되어 경기도 지역 10개의 의원을 담
> 당하여 10개의 거래처를 22개로 증가하는 데 공헌 (2003년 1월~
> 2006년 1월)

⊙ 대리~과장 : 의원영업부의 업적을 바탕으로 병원영업부 이동하
여 서울지역 5개의 종합병원을 담당(2006월 2월~현재)

〈부서별 세분화〉

세창제약, 2002년 6월~현재
과장 : 병원영업부
  ⊙ 영업부서별 순환업무 경험 (2002년 6월~2002년 12월)
  ⊙ 의원영업부 : 경기도 지역 10개의 의원을 담당하여 10개의 거래처
    를 22개로 증가하는 데 공헌 (2003년 1월~2006년 10월)
  ⊙ 병원영업부 : 서울지역 5개의 종합병원을 담당(2006월 11월~현재)

각 경력 사항은 훨씬 더 세부적으로 작성할 수 있다. 하지만 전체적인 개념을 잡기 위해서 그리고 각 주제별 차이점을 설명하기 위해서 가능한 간결한 내용으로 구성해 보았다.

경력 사항을 세분화해야만 하는 또 다른 이유는 당신의 업무가 변화된 것을 보여주기 위함이다. 처음 신입사원으로 입사를 해서 OJT를 받고 적당한 자리에 배치가 된다. 일을 배우고 자신만의 것을 만드는 과정을 겪으면서 비로소 당신만의 업무를 맡게 된다. 그리고 그 일을 통하여 실적을 내고, 회사에 공헌을 하고, 또 다시 당신이 맡는 업무의 분량과 책임을 늘려가게 된다. 부하 직원이 생기면서 책임감은 더해가고 관리를 받는 위치에서 관리를 하는 위치로 옮겨가게 된다.

경력을 세분화하지 않고서 이 어렵고도 힘든 과정을 어떻게 효과적으로 전달할 수 있겠는가? 나는 지난 몇년간 얼마나 열심히 일했는가? 열심히 일한 것을 세분화하지 않고 그냥 대충 알려도 좋은가? 이것을 효과적으로 전달하지 못하는 것이 억울하지도 않은가?

쪼개고, 쪼개고, 또 쪼개라.

경력을 세분화하라

나의 경력 사항을 세분화할 수 있는 가장 효과적인 방법을 찾아보자.(날짜별, 직급별, 부서별, 업무별) :

쪼개고, 또 쪼갠 경력 사항이 나의 노력과 결실을 충분히 전달하고 있는가? :

④ 숫자로 표현하라

이 부분은 제목만으로도 감을 잡을 수 있을 것이다. 그렇다, 본인의 실적을 전달하라는 것이다. 앞에서 알아본 모든 사항들을 종합하여 나의 일과 그 중요성 그리고 상세한 경력 사항을 모두 전달했다.

그래서 어쩌라고? 열심히 일한 과정을 고려해서 그만큼의 점수를 달라고? 정답은 틀렸지만 문제를 풀어낸 독특한 수학식을 감안하여 그만큼의 점수를 달라고?

그렇지 않다. 결과가 있어야만 한다. 이력서에서 결과는 실적으로 알릴 수 있다. 그리고 그 실적은 숫자로 표현할 수 있다.

쪼개고 또 쪼갠 경력 사항에 숫자와 수치를 적용하라.

'1' 이라는 숫자에는 최초와 최고라는 뜻을 담을 수 있다.

'20%' 라는 수치에는 증가와 발전이라는 뜻을 담을 수 있다.

'30에서 40으로' 라는 문장에는 향상과 공헌이라는 뜻을 담을 수 있다.

'10개 중에서 8개를 담당하여 관리' 했다는 문장에는 비중과 책임이라는 뜻을 담을 수 있다.

이 세상에 숫자와 수치는 얼마든지 만들어 낼 수 있다. 이 좋은 표현 방법을 그냥 썩히지 말기 바란다. 어느 정도의 기간 안에 매출이나 고객의 수를 얼마나 늘렸는지, 팀과 회사에 어떤 공헌을 했는지, 어떤 결과를 낳게 되었는지, 그것이 어떤 의미가 있는지 등을 전달할 수 있다.

〈숫자 적용과 그에 따른 메시지 전달 효과〉

숫자를 적용하지 않은 경력 사항	숫자를 적용한 경력 사항	메시지 전달 효과
경기 지역의 종합병원 담당, 매출 증대에 공헌	경기 지역의 종합병원을 담당하여 9개월간에 10개의 거래처를 22개로 증가, 1년 안에 5천만 원의 매출을 1억 2천만 원으로 증대하는 데 공헌	증가 발전 향상 공헌
TF팀장으로서 회사의 M&A를 담당	TF팀장으로서 회사의 1번째 M&A를 성공적으로 완수하여 결과적으로 회사에 50% 이상의 이익을 창출하는 데 공헌	최초 공헌 이익
개발팀에서 ○○시스템을 개발	개발팀에서 ○○시스템을 국내 최초로 개발	최초
○○사와 자재 공급 계약 체결하여 우수 사원상 수상	○○사와 60억 규모의 자재 공급 계약을 체결하여 20명의 기술 영업 담당자 중에서 최고의 실적으로 우수 사원상 수상	규모 최고 능력
회사의 신규 프로젝트를 진행	회사의 신규 프로젝트 5개 중 총 3개의 프로젝트에 참여하여 성공적으로 진행	비중 책임

위의 표는 숫자를 적용하지 않은 일반적인 수준으로 작성된 경력 사항에 숫자를 적용했을 경우에 어떤 메시지를 추가로 전달할 수 있는지를 잘 보여준다. 각 경력 사항은 서로 다른 업종의 샘플이지만 얼마든지 숫자를 적용할 수 있다는 것을 보여준다. 최초와 최고라는 단어는 물론 숫자가 아닌 한글로 작성되어 있지만 1st라는 개념이 있기 때문에 의미상 숫자에 포함시켜 보았다. 실제로 이런 단어들은 영문으로 작성시에 일반적으로 1st라는 서수로 표현이 된다.

누가 더 열심히 일한 경력자로 보이는가? 아니, 열심히 일하고 그만큼의 결과를 거둔 경력자로 보이는가? 회사는 비영리 조직이 아니다. 돈을 받고 일하면 받은 만큼을 결과로 보여 주어야만 한다. 이러한 사항은 업무로 항상 스트레스를 받고 있는 당신이 더 잘 알고 있을 것이라고 믿는다.

숫자는 당신이 회사로부터 받은 만큼을 돌려주고 있다는 것을 아주 확실하게 보여줄 것이다.

숫자로 표현하라

세분화한 경력 사항을 숫자로 표현해보자. :

어떤 메시지 전달 효과를 얻을 수 있는지 알아보자. :

⑤ 정규 교육보다는 연수 내용 위주로 작성하라

일반적으로 교육 사항에는 정규 교육을 작성한다. 대학교나 대학원이 될 것인데 보다 엄밀하게 이야기하자면 이 교육 사항은 경력 전의 교육이라고 볼 수 있다. A라는 회사에 입사할 때 이미 이 교육 사항은 다 써먹었다. 왜냐하면 그때는 특별하게 내세울 수 있는 경력이나 관련 경험이 없었기 때문에 이 교육 사항을 바탕으로 본인의 강점을 내세우게 된다. 하지만 한번 써먹은 것을 지금 몇 년의 시간이 흐른 뒤에 다시 써먹을 수는 없다.

사실 이직을 하는 경우에는 이 정규 교육에 대한 사항이 크게 중요하지 않다. 왜냐하면 이미 한 직장에서 일을 한 경력이 있다는 뜻은 정규 교육과 관계 없이 한 조직에서 인정을 받았다는 뜻이기 때문이다. 경력자에게 중요한 것은 경력이지 당신의 경력 전 학력이 아니다. 신입은 이력서를 작성할 때 가능하면 대학교 이후의 내용에 바탕을 둔다. 이력서나 자기 소개서의 주 이야기가 고등학교 때까지 가지도 않는다. 마찬가지로 경력자는 전/현 직장의 이야기가 주가 되는 것이지 대학교 시절의 이야기를 들먹거릴 필요가 없는 것이다.

이런 경우에는 조금 이야기가 다르다. A라는 회사에 입사한 후에 업무 관련 분야에 대한 부족함을 스스로 느끼고 대학원에 진학하여 공부하는 경우가 있다. 이 경우에는 이 대학원의 교육 사항을 적극 활용할 수 있다. 경력 중간에 혹은 그 이후의 교육 사항이기 때문이다. 아직까지 한 번도 써먹은 적이 없는 교육 사항이기 때문이기도 하고 적극적인 자기 계발의 한 부분으로 내세울 수도 있기 때문이다.

그럼 경력자들은 무엇으로 교육에 대한 부분을 채울 수 있는가?

바로 연수 내용이다.

이 연수 내용은 신입에게는 없다. 있어봤자 어학 연수 정도일 뿐이다. 여기에서 말하는 연수 내용은 A라는 회사에 입사하여 처음부터 지금까지 받은 사내외 모든 교육 사항을 말하는 것이다. 입사 후 바로 받게 되는 OJT도 이 연수 내용에 포함할 수 있다. 진급을 위하여 사내에서 필수적으로 받아야만 하는 연수도 있을 수 있고, 개인적인 기술을 기르기 위하여 타 교육 기관이나 타 회사 등에서 받은 연수도 있을 수 있다. 강제적이든 자의적이든 관계가 없다. 이력서상에 회사에서 받으라고 해서 받았다고 쓰지는 않으니까.

간혹 선택된 자에게만 주어지는 연수도 있다. 예를 들어 뛰어난 실적을 보인 사원에게만 주어지는 해외 연수나 해외 거래처 방문, 포상으로 주어지는 어학 연수 등이 있다. 이것은 내가 일을 그만큼 잘 해왔다는 명백한 증명이다. 내가 굳이 내 입으로 잘났다고 떠들지 않아도 이러한 내용 한 줄이면 게임 끝이다.

대부분의 경력자들은 교육 사항에 쓸 말이 없다고 한다. 정규 교육만을 고집하고 있기 때문이다. 자, 곰곰이 한번 생각을 해보자. 그동안 일을 하면서 얼마나 많은 교육을 받았는가? 정말로 정히 이 교육 사항에 작성할 연수 내용이 없다면 업무상 참여했던 세미나나 박람회, 전시회, 컨퍼런스 등의 내용으로 대체가 가능하다. 업무 외적으로 본인의 능력, 기술, 자질을 기를 수 있는 활동으로 볼 수 있기 때문이다. 앞에서도 언급을 했지만 연수를 포함한 이 모든 내용은 자기 계발의 증거이다.

업무와 관련하여 이러한 경험을 할 수 없다면 스스로 움직여서 만들어야 할 것이다. 올해 직장인 10명 중 8명 이상은 자기 계발의 비용을 늘릴 것이라는 통계가 있었다. 주로 영어 관련 교육과 자격증, 전문서 독서 등이 주를 이루었는데, 중요한 것은 자기 계발의 비용을 늘리기 위한 가장 주된 이유가 바로 이직을 위해서라는 점이다. 이쯤되면 이 연수 내용 부분을 작성하는 것이 얼마나 중요한지 감을 잡을 수 있을 것이다.

당신이 빈 칸으로 비워둔 이 연수 내용을 채우기 위하여 다른 경쟁자들은 스스로 열심히 움직이고 있다는 것을 명심하자.

정규 교육보다는 연수 내용 위주로 작성하라

업무와 관련된 모든 연수 내용을 적어보자. :

업무 외적으로 스스로 움직여서 진행하고 있는 연수 내용이 있는가? :

⑥ 수상 내역보다 확실한 증거는 없다

앞에 교육 사항에서 언급한 포상으로 받는 연수도 그러하지만 본인이 잘했다는 것은 역시 수상 내역으로 가장 확실하게 전달할 수 있다. 경력 사항이 왜 중요한지도 이해했고, 경력을 세분화하여 실적을 숫자로 표현하기도 하였다. 그리고 추가적으로 연수 내용도 꼼꼼하게 정리하여 이력서를 작성하였다. 누가 보아도 정말로 열심히 일한 경력자로 보일 수밖에 없다. 그런데 이러한 경력과 실적은 실제로 자신의 회사에 공헌을 한 것일까?

만약에 자기 소개서나 경력 소개서를 작성하는 상황이라면 주관적인 느낌이나 설명을 실어서 이러한 부분을 충분히 표현할 수 있다. 이 부분은 경력 자기 소개서 편에서 보다 상세하게 다루어 보겠다. 하지만 객관적이고 사실적인 내용만을 작성하는 이력서에서 내가 이루어 놓은 일이 얼마나 위대한 것인지를 설명할 수 있는 길은 단 한 가지, 수상 내역을 알리는 것이다.

김 대리는 큰 계약을 성사시켜서 3사분기 매출을 15% 증가시키는데 공헌을 했다. 그런데 김 대리가 올린 15%의 성장은 다른 회사에 다니는 박 과장이 올린 20%의 성장에 비해서 훨씬 더 큰 업적일 수 있다. 회사의 성격이 다르다면 비교 평가 자체가 어려울 수 있기 때문이다. 그런데 김 대리는 15%의 매출 성장에 대한 공헌으로 작년 '올해의 직원상'을 수상했다. 이것은 명백한 증거이다. 그 누가 뭐라고 해도 회사에서 김 대리의 업적을 높이 평가한 것이다. 아무도 토를 달 수 없다. 김 대리 역시 천 마디 말로 이 업적을 설명할 필요가 없다. 수상 내역 하나면 된다. 그걸로 충분하다.

수상 내역은 자신의 이력서에 작성하는 것도 중요하지만 이 수상 내역으로 나의 현재 위치도 가늠해 볼 수 있다. 최근 뛰어난 업적으로 우수 사원상을 수상한 옆 팀의 최 부장이 왜 그 상을 수상했는지를 파악해보는 것이다. 내가 일하고 있는 업계에서 혹은 회사에서 일을 잘하는 사람을 칭찬할 때 어떤 기준으로 칭찬을 하는지 알아보면 '일을 잘한다는 것' 혹은 '결과가 좋다는 것'에 대한 보다 확실한 정의를 파악할 수 있을 것이다.

수상 내역은 나뿐만 아니라 다른 경쟁자의 능력을 평가하는 가장 일반적이고도 확실한 기준이 된다는 것을 기억하도록 하자.

회사 내/외에서 받은 모든 상을 기억하여 작성해보자. :

공식적인 상이 없다면 자신의 업적이 얼마나 뛰어난지 설명할 수 있
는 방법을 찾아보자(자기 소개서 작성을 위해서 save해 둘 수도 있다). :

경력 자기 소개서

경력자는 자기 소개서가 아니라 경력 소개서를 작성한다. 말 그대로 경력에 집중이 되는 자기 소개서인 것이다. 앞에서 말한 경력 사항에 핵심을 둔 이력서를 경력 이력서라고 부르는 것과 동일한 컨셉이다.

말이 나온 김에 다시 한 번 강조를 해보겠다. 경력자들 중에는 예전에 처음 일자리를 구할 때 사용했던 자기 소개서를 그대로 사용하는 경우가 많다. 그것도 아주 엄청. 아, 아주 그대로 사용하지는 않는다. 그 안에 경력에 대한 짧은 단락 한 개를 추가한다. 그리고는 끝.

하지만 이 상태로는 자신의 능력, 노력, 자질, 성과, 배경 등에 대한 전문적인 느낌을 전달하기 어렵고, 경력을 통하여 얻게 된 생각, 느낌, 의견, 노하우 등을 보여줄 수 없다.

필자가 엎드려서 부탁한다. 예전에 사용했던 성장 과정과 진부한 느낌이 담겨 있는 동기 및 포부, 학창 시절의 활동 등은 전부 잊어버리자. 지금 당장 예전의 자기 소개서를 찢어 버리기 바란다. 혹은 컴퓨터에서 삭제해 버리기 바란다.

자, 그럼 앞에서 설명한 경력 이력서와 마찬가지로 경력 자기 소개서도 대략적인 구성을 먼저 짚고 넘어가보자. 아, 항목의 순서나 구성은 개인별로 천차만별일 수 있다. 가장 일반적이고도 정형화된 항목으로 알아본 것일 뿐이다.

〈신입 시절〉

- 성장 배경 – 지원자의 인성을 알아보기 위한 공간이다. 어떤 어린 시절을 보냈는지를 작성하게 된다.
- 성격의 장단점 – 일반적인 수준에서 자신의 성격 장단점을 기술하게 된다. 지원하는 분야에 잘 맞는 장점이 될 경우에는 더 좋은 영향을 줄 수 있다.
- 학창 시절 – 신입에게는 가장 중요한 부분이 되겠다. 무엇을 공부하고 그것을 통해서 무엇을 배웠는지를 상세하게 알린다.
- 기타 활동 – 교내외 활동을 기술한다. 동아리 활동, 봉사 활동, 어학 연수 등을 종합한 모든 내용을 담을 수 있다.
- 관련 경험 – 지원하는 분야나 직종과 관계되는 경험을 담는다. 인턴십이나 파트 타임 등의 모든 내용이 된다. 딱히 지원 분야와 관련이 없더라도 한 조직을 경험해 본 것을 전달할 수 있다.
- 동기 및 포부 – 신입이니까 지원하는 이유가 궁금하다. 왜 지원을 하는지 그리고 어떻게 일할 계획인지를 알리게 된다.

〈경력자〉

- 업무상 강약점 – 일반적인 성격의 장단점이 아니라 업무상 강약점을 기술한다. 성격을 바탕으로 하여 업무를 하는데 어떤 점이 도움이 되는지 그리고 어떤 점을 개선할 필요가 있는지를 전달하는 공간이다. 앞으로 보다 상세하게 설명할 것이다.
- 경력 사항 – 상세한 경력 사항을 담는다. 이력서에서 이미 상세한 경력 사항을 담았는데 내용을 중복하라는 뜻이냐고? 그렇지 않다. 이 자기 소개서의 경력 사항에는 객관적인 사실 위에 주관적인 느

낌을 더하는 것이다. 앞으로 보다 상세하게 설명할 것이다.

- 연수 사항 – 업무와 관련하여 어떤 지식을 얻게 되었는지를 알려라. 역시 객관적인 사실에 주관적인 느낌을 더한다는 기분으로 구체적으로 무엇을 배웠고, 그것이 업무에 어떤 도움이 되었는지를 전달하면 되겠다.
- 활동 사항 – 연수와는 별도로 업무상 참가했던 세미나, 해외 경험, 박람회, 전시회, 컨퍼런스 등의 내용을 담을 수 있다. 또한 사내 동호회나 그 밖의 생활 중에서 행하고 있는 모든 활동을 담을 수 있다. 활동적이고 적극적인 사람, 일을 즐기면서 스트레스를 푸는 방법을 아는 사람이라는 느낌을 전달하기에 충분할 것이다.
- 이직 이유 및 이직 후 계획 – 역시 이 부분이 궁금하지 않을 수 없다. 왜 잘 다니던 회사를 떠나서 다른 환경을 찾고 있는지, 그리고 다른 환경에서는 어떻게 일할 수 있는지를 전달한다. 여기에서는 1장에서 알아본 내가 이직하려는 이유와 나는 무엇을 해줄 수 있는가에서 파악한 내용을 응용할 수 있겠다.

① 구성을 먼저 결정하라

경력 자기 소개서는 문서의 이름에 따라서 서로 다른 구성으로 만들 수 있다. 이 역시 정형화된 구성이 있기는 하지만 자신에게 가장 잘 어울리는, 그리고 자신의 배경을 가장 잘 전달할 수 있는 구성을 만들 수 있다.

〈직무 기술서 혹은 경력 기술서〉

직무 기술서는 말 그대로 본인의 직무를 상세하게 기술하는 문서이다. 틀에서 벗어난 이력서를 구성하여 상세한 경력 사항을 모두 담았는데, 그 분량이 엄청나게 많아질 수 있다. 혹은 직무를 더 상세하게 기술하기 위해서는 별도의 문서가 필요한 경우도 있다. 경우에 따라서는 지원 회사에서 이력서와 별도의 직무 기술서를 요구하기도 한다.

예를 들어 IT업종의 경우에는 상당히 상세한 프로젝트 경력을 담아야 한다. 또한 실적이 많거나 경력이 오래된 경우, 한 직장에서 여러 팀을 옮긴 경우 등 이력서 안에서 최대한 세분화한 내용이 넘치는 경우에는 이력서를 간결한 상태로 유지하고 별도의 직무 기술서를 구성하여 메시지를 더 효과적으로 전달할 수 있다.

직무 기술서도 한 가지 구성만 존재하지는 않는 법. 다음 여러 가지 구성의 직무 기술서를 통하여 나에게 꼭 맞는 구성을 알아보도록 하자. 여기서 나에게 꼭 맞는다는 뜻은 당연히 나의 직무를 가장 효과적으로 전달할 수 있다는 뜻이 되겠다.

〈간결한 이력서와 포인트 폼 구성의 직무 기술서〉

<table>
<tr><td><u>경력사항</u></td><td></td></tr>
<tr><td>세창기업, 서울</td><td>2002년 3월 ~ 현재까지</td></tr>
<tr><td>⊙ 브랜드 마케팅 담당</td><td></td></tr>
<tr><td>⊙ 브랜드 유통망 구축</td><td></td></tr>
</table>

직무 기술서

세창기업, 서울   2002년 3월~현재까지

- ⊙ 생활용품에 집중한 브랜드 마케팅 담당
  - 기존 브랜드를 재포지셔닝하기 위한 신규 라인업 및 마케팅 활동
  - 기존 M/S 5%대를 기록하던 브랜드를 '06년 이후 7%로 성장시키는 데 기여
- ⊙ 브랜드 유통망 구축
  - 국내 할인점 및 대리점으로의 판매 채널 구축 위한 BTB 업무 진행

위의 구성은 포인트 폼의 직무 기술서이다. 말 그대로 포인트를 찍어서 설명을 한다는 뜻이다. 아마도 가장 일반적인 직무 기술서의 구성일 것이다. 어려울 것은 없다. 이력서에서 상세하게 작성한 경력 내용을 따로 분리하여 별도의 문서를 만드는 것일 뿐이다. 경력 사항을 상세하게 작성한 이력서를 바탕으로 이력서에 유지할 핵심적인 사항과 직무 기술서로 분리할 세부 사항을 정리하기만 하면 되겠다.

<서술 형태의 직무 기술서>

직무 기술서

세창기업

　저는 지난 2002년 3월 세창기업의 마케팅 부서에 입사하여 지금까지 생활용품에 집중한 브랜드 마케팅을 담당하여 왔습니다. 처음에는 ○○브랜드를 재포지셔닝하기 위한 목적으로 신규 라인업과 마케팅 활동에 집중하였습니다. 그 결과 기존에 5%대를 유지하던 M/S를 2006년 이후부터 7%로 성장시킬 수 있었습니다. 이와 더불어서 국내 할인점 및 대리점으로의 판매 채널 구축 위한 BTB 업무도 함께 진행하여 탄탄한 브랜드 유통망을 구축할 수 있었습니다.

　하지만 이 직무 기술서도 단순한 포인트 폼의 구성이 아니라 서술 형태로 풀어서 작성할 수 있다. 이 경우에는 객관적인 내용만을 작성하는 포인트 폼 형태의 직무 기술서가 아니라 주관적인 느낌으로 살을 입힌 내용이 될 것이다. 위의 샘플은 최소한의 주관적인 느낌으로 작성된 서술 형태의 직무 기술서이다. 주관적인 살을 입히는 방법은 앞으로 보다 상세하게 알아볼 것이므로 지금은 개념만 잡아 보도록 하자.

<포인트 폼 + 서술 혼합형 직무 기술서>

직무 기술서

세창기업, 서울   2002년 3월 ~ 현재까지

⊙ 생활용품에 집중한 브랜드 마케팅 담당
  - 처음에는 ○○브랜드를 재포지셔닝하기 위한 목적으로 신규 라인업과 마케팅 활동에 집중하였습니다. 그 결과 기존에 5%대를 유지하던 M/S를 2006년 이후부터 7%로 성장시킬 수 있었습니다.
⊙ 브랜드 유통망 구축
  - 이와 더불어서 국내 할인점 및 대리점으로의 판매 채널 구축 위한 BTB 업무도 함께 진행하여 탄탄한 브랜드 유통망을 구축할 수 있었습니다.

숫자나 수치로 표현하는 실적으로도 충분히 자신의 상세한 직무를 설명할 수 있다면 심플하게 포인트 폼 구성을 택해볼 수 있다. 하지만 숫자나 수치보다는 주관적인 느낌으로 직무를 설명하고 프로젝트의 성격을 설명해야 하는 경우에는 서술 형태로 작성해보자. 혹은 위의 샘플과 같이 이 두 가지의 구성을 혼합하여 사실적인 내용 밑에 서술 형태로 직무를 설명하는 구성을 활용할 수도 있다.

<경력 소개서>

경우에 따라서는 직무 기술서 이외에 자기 소개서를 추가적으로 작성해야 하는 경우도 있다. 실제로 이력서, 직무 기술서, 자기 소개

서를 모두 원하는 회사들도 많이 있다. 이럴 때에는 당연히 자기 소개서를 작성해야만 하는데, 단순하게 자기 소개서라기보다는 경력 소개서 혹은 경력 자기 소개서 정도의 느낌으로 볼 수 있겠다.

경력 소개서는 직무 기술서와 자기 소개서가 통합된 구성이다. 앞에서 간단하게 설명한 경력자의 자기 소개서 항목들이 이 문서에 포함될 것이다. 신입 시절 주로 작성하는 항목과는 차이가 있다. 물론 작성해야 하는 내용은 말할 필요도 없다. 필자가 자꾸만 신입 시절의 자기 소개서는 없애라고 하는 이유도 바로 이 때문이다.

하지만 어딘지 모르게 이러한 항목들을 활용하는 것 자체가 신입스러운(?) 느낌을 준다고 생각된다면 항목 자체를 없애버릴 수 있다. 항목, 즉 소제목이 있는 경력 소개서는 소제목형이라고 부르고, 항목을 없앤 경력 소개서는 에세이형이라고 부른다.

그럼 업무상 강점과 경력 사항 두 항목의 내용을 바탕으로 소제목형과 에세이형에 어떤 차이점이 있는지 샘플을 통하여 알아보도록 하자.

〈소제목형 경력 소개서〉

업무상 강점

　숫자를 다루는 일을 항상 즐겨왔기 때문에, 제가 지금 하고 있는 일 역시 즐거운 마음으로 수행하고 있습니다. 정확한 계산과 꼼꼼함을 바탕으로 저는 어떤 일들의 균형을 맞추는 작업에 매우 자신이 있습니다. 매월 마감 업무로 인하여 스트레스를 받는 경우도 있지만, 제가 회사에 공헌을 한다는 사명감과 일에서 얻는 만족감을 바탕으로 야근 업무까지도 즐길 수 있습니다.

경력 사항

　저는 회계의 거의 모든 과정을 처리했고, 많은 금융 정책들을 배웠습니다. 회계팀에서 가산세와 원천 징수세를 주로 처리했고, 연말 세무 조정을 수행하였습니다. 또한 직장에서 관련 연수들을 이수하기도 하였습니다. 이러한 경험으로부터 저는 회계 분야에서 저의 장기 목표들을 이루기 위한 계획을 세웠습니다. 말씀 드린 저의 업무상 강점과 경력사항을 바탕으로 귀사에서 필요로 하는 일을 효과적으로 수행할 자신이 있습니다.

　소제목형 경력 소개서는 각 항목에 작성할 내용에만 집중하면 된다. 각 항목이 분리되어 있기 때문에 두 단락의 유기적인 연결에 대한 부분보다는 각 항목에서 전달해야만 하는 내용에 더 많은 신경을 쓰면 되겠다.

〈에세이형 경력 소개서〉

　저는 숫자를 다루는 일을 항상 즐겨왔기 때문에, 지금 하고 있는 일 역시 즐거운 마음으로 수행하고 있습니다. 정확한 계산과 꼼꼼함을 바탕으로 저는 어떤 일들의 균형을 맞추는 작업에 매우 자신이 있습니다. 매월 마감 업무로 인하여 스트레스를 받는 경우도 있지만, 제가 회사에 공헌을 한다는 사명감과 일에서 얻는 만족감을 바탕으로 야근 업무까지도 즐길 수 있습니다.

　이러한 업무상 강점을 바탕으로 저는 회계의 거의 모든 과정을 처리했고, 많은 금융 정책들을 배웠습니다. 회계팀에서 가산세와 원천 징수세를 주로 처리했고, 연말 세무 조정을 수행하였습니다. 또한 직장에서

관련 연수들을 이수하기도 하였습니다. 이러한 경험으로부터 저는 회
계 분야에서 저의 장기 목표들을 이루기 위한 계획을 세웠습니다. 말씀
드린 저의 업무상 강점과 경력사항을 바탕으로 귀사에서 필요로 하는
일을 효과적으로 수행할 자신이 있습니다.

에세이형 경력 소개서는 일반적으로 3~4단락 정도면 충분하다.
이 정도면 자신의 상세한 경력 사항을 전달할 수 있는데, 굳이 항목
으로 따져본다면 업무상 강약점, 경력 사항, 이직 이유, 입사 후 계
획 정도가 될 수 있겠다. 하지만 소제목형에서 단순하게 제목만을
빼다고 해서 에세이형 경력 소개서가 만들어지는 것은 아니다. 왜냐
하면 에세이형에서는 각 단락간의 자연스러운 연결을 고려해야 하
기 때문이다.

위의 에세이형 샘플을 보면 소제목형과 내용은 동일하지만 각 단
락의 유기적인 연결에도 신경을 쓰고 있다는 것을 볼 수 있다. 각 단
락을 최대한 자연스럽게 연결해야지만 처음부터 끝까지 읽기가 수
월하고 그만큼 메시지를 효과적으로 전달할 수 있다.

하지만 경우에 따라서는 중간 중간에 포인트 폼 구성을 활용할 수
있다. 경력 사항을 보다 간결하게 정리하여 전달할 수 있다는 장점
이 있다.

<에세이형 + 포인트 폼 경력 소개서>

> 저는 숫자를 다루는 일을 항상 즐겨왔기 때문에, 제가 지금 하고 있는 일 역시 즐거운 마음으로 수행하고 있습니다. 정확한 계산과 꼼꼼함을 바탕으로 저는 어떤 일들의 균형을 맞추는 작업에 매우 자신이 있습니다. 매월 마감 업무로 인하여 스트레스를 받는 경우도 있지만, 제가 회사에서 공헌을 한다는 사명감과 일에서 얻는 만족감을 바탕으로 야근 업무까지도 즐길 수 있습니다.
>
> 이러한 업무상 강점을 바탕으로 이전 직장에서 저는 다음과 같은 회계의 거의 모든 과정을 처리했습니다.
> - 많은 금융 정책들에 대한 지식 습득.
> - 회계팀에서 가산세와 원천 징수세를 주로 처리.
> - 연말 세무 조정을 수행.
>
> 또한 직장에서 관련 연수들을 이수하기도 하였습니다. 이러한 경험으로부터 저는 회계 분야에서 저의 장기 목표들을 이루기 위한 계획을 세웠습니다. 말씀 드린 저의 업무상 강점과 경력사항을 바탕으로 귀사에서 필요로 하는 일을 효과적으로 수행할 자신이 있습니다.

다시 한 번 강조한다. 이력서 안에 모든 경력 사항을 기술하든, 별도의 직무 기술서를 만들든, 추가적으로 경력 소개서를 만들든 그것은 모두 당신의 자유이다. 단, 문서를 만들기 전에 정한 구성이 당신의 모든 것을 가장 효과적으로 전달할 수 있는 조합인지를 꼼꼼하게 따져봐야 할 것이다.

지원 회사에서 어떤 문서를 요구하는지 파악해보자. :

나는 어떤 문서를 작성할 것인가?(이력서, 직무 기술서, 경력 소개서…) :

각 문서는 어떤 구성으로 작성할 것인가? :

② 성장 과정이나 학창 시절은 중요하지 않다

성장 과정이나 학창 시절은 신입 시절에 주로 사용하는 항목들이다. 필자가 말하고자 하는 것은 성장 과정이나 학창 시절이 중요하지 않다는 것이 아니라 이러한 항목들이 경력 사항보다는 중요하지 않다는 것이다.

경력 소개서를 작성하고자 한다. 당연히 주 내용은 경력 사항이다. 지금까지 내가 A라는 회사와 몇 년 전 이직한 B라는 회사에서 일한 것들을 아주 세부적으로 작성했다. 그리고는 이에 적절한 동기와 포부로 마무리를 하였다. 이 상태 그대로 아주 간결하고 깔끔하다. 내가 꼭 하고자 하는 말만 담는 것 역시 경력자의 능력으로 보아야 한다. 그런데 여기에다가 성장 과정을 붙이고 학창 시절을 설명한다고 더 뛰어난 경력 소개서가 될 수 있다고 생각하는가? 깔끔한 정장에 코트를 입고 그 위에 야구 모자를 쓰고 백팩을 매고 있는 것과 같다. 정말로 어울리지 않는 코디이다.

자, 그럼 강요하지 않을 테니까 이런 방법으로 다르게 한번 생각해보자.

성장 과정 : 어린 시절의 이야기, 부모님 이야기 등
학창 시절 : 학교에서 배운 내용, 동아리 및 봉사 활동 이야기
경력 사항 : 4~5년 혹은 그 이상의 상세한 경력 이야기
동기 및 포부 : 이직 이유와 이직 후 계획

위와 같이 구성된 경력 소개서가 있다. 지원 회사에서 경력자를 뽑을 때에는 업무에 바로 투입이 되어도 좋을 만큼의 능력과 자질이

풍부한 지원자를 선택하게 마련이다. 따라서 지원 회사에서 관심이 있는 부분은 바로 지원자의 능력과 자질인 것이다. 그리고 이 능력과 자질은 경력 사항을 통해서 전달할 수 있다. 따라서 4~5년 동안 혹은 그 이상의 경력 사항을 바탕으로 한 이야기만 정리를 하여도 분량이 꽉 차서 신입 시절의 내용은 작성할 수 있는 공간이 없어야 한다. 그게 맞다. 이것이 바로 경력자에게 맞는 자기 소개서인 것이다. 5년 전 혹은 10년 전의 당신이 어땠는지는 상관이 없다. 어렸을 적에 사고뭉치였든, 학교에서 문제아였든 관계 없이 이미 당신의 경력을 바탕으로 한 능력과 자질이 그러한 모든 것을 덮어줄 수 있다.

사실 경력 사항을 1장 혹은 2장 정도의 문서로 설명하는 것은 쉽지 않다. 아니, 당신이 지금 이직을 하려는 모든 준비를 마쳤다면, 1~2장의 종이 위에 당신의 모든 능력과 자질을 설명할 공간이 부족해야 한다. 하지만 경력 소개서도 큰 그림으로 보았을 때 자기 소개서에 포함이 되는 문서이니까, 적절한 선에서 분량을 맞춰 줄 필요가 있다. 모든 내용을 다 작성해 놓고 가장 덜 중요한 순서대로 단락을 덜어내보라. 아마도 가장 마지막에 남는 부분은 경력 사항과 동기 및 포부가 될 것이다.

나의 경력 소개서는 경력 중심으로 작성되어 있는가? :

그 밖에 불필요한 항목들은 무엇이 있는지 파악해 보자. :

③ 경력 사항에 주관적인 느낌을 실어라

이력서는 객관적이고 사실적인 내용만을 작성한다. 앞에 경력 이력서에서도 언급을 했지만 이력서에서는 본인의 업적에 대한 증거를 제시할 수 있는 별다른 방법이 수상 내역밖에 없었다. 일을 정말로 잘했고, 그 업적도 뛰어나지만 수상 내역이 없다면 객관적인 증거에서 다른 경쟁자에게 밀릴 수 있다. 하지만 경력 소개서라면 이야기는 달라진다.

앞의 이력서 수상 내역에서 작성한 셀프 길라잡이도 수상 내역이 없다면, 당신의 업적을 알릴 수 있는 다른 방법을 찾아보라고 했다. 그 방법이 주관적인 설명이라면, 그것을 지금 바로 활용할 수 있다. 내가 일을 정말로 잘했고, 그 업적도 뛰어나다는 것을 모두 전달할 수 있다. 따라서 서술 형태의 경력 소개서를 작성하면서 이러한 주관적인 느낌을 싣지 않는다면, 자신의 경력을 소개할 절호의 기회를 스스로 날려버리는 셈이 되고 말 것이다.

당신은 목표했던 것들을 이루기 위하여 그 동안 얼마나 많은 노력을 했고 고민에 빠졌는가? 회사에서 나름대로 인정을 받기 위하여 개인 시간을 얼마나 많이 빼앗겼는가? 지난 수년간 몇 잔의 소주를 더 들이켰고 몇 개비의 담배를 더 피웠는가? 그래서 이룬 일들은 어떤 것인가? 나름대로 일에 대한 철학과 노하우를 습득하였는가?

경험을 기억해내라. 그때의 경험을 기억해내지 못한다면 주관적인 느낌을 리얼하게 싣기가 어렵다. 경력 사항에 주관적인 느낌을 리얼하게 실을 수 있는 한 가지 팁을 주겠다. 바로 그때의 어려웠던 상황을 강조하는 것이다. 다음 예를 보면서 알아보자.

〈주관적인 느낌을 싣지 않은 경력 소개서〉

경력 소개서

세창기업

　저는 지난 2002년 3월 세창기업의 마케팅 부서에 입사하여 지금까지 생활 용품에 집중한 브랜드 마케팅을 담당하여 왔습니다. 처음에는 ○○브랜드를 재포지셔닝하기 위한 목적으로 신규 라인업과 마케팅 활동에 집중하였습니다. 그 결과 기존에 5%대를 유지하던 M/S를 2006년 이후부터 7%로 성장시킬 수 있었습니다. 이와 더불어서 국내 할인점 및 대리점으로의 판매 채널 구축 위한 BTB 업무도 함께 진행하여 탄탄한 브랜드 유통망을 구축할 수 있었습니다.

　언뜻 보면 상세한 경력 소개로 보인다. 포인트 폼으로 작성한 내용보다는 살이 많이 입혀지기는 했지만 더 많은 살을 입힐 수 있다는 점에서 조금 아쉬운 내용이라고 볼 수 있다. 그럼 다음의 주관적인 느낌을 실은 경력 소개는 어떤가?

〈주관적인 느낌을 실은 경력 소개서〉

경력 소개서

세창기업

　저는 지난 2002년 3월 세창기업의 마케팅 부서에 입사하여 지금까지 생활 용품에 집중한 브랜드 마케팅을 담당하여 왔습니다. 처음 제가 ○○브랜드를 담당하기 시작했을 때 ○○브랜드의 M/S는 날로 하락하고 있는 상황이었습니다. 또한 ○○브랜드를 담당했던 브랜드 매니저가 갑작스럽게 세창기업을 퇴사하였기 때문에, 제대로 된 업무 인수도 받지 못한 상황에서 제 스스로 모든 업무를 터득하고 공부해야 했습니다.

처음 ○○브랜드를 재포지셔닝하기 위한 목적으로 신규 라인업과 마케팅 활동에 집중하였습니다. 1년간 몸무게가 7kg이나 빠지는 강행군을 계속했지만, 조금씩 드러나는 결과에 만족하면서 최선을 다하였습니다. 그 결과 기존에 5%대를 유지하던 M/S를 2006년 이후부터 7%로 성장시킬 수 있었습니다. 이와 더불어서 국내 할인점 및 대리점으로의 판매 채널 구축 위한 BTB 업무도 함께 진행하여 탄탄한 브랜드 유통망을 구축할 수 있었습니다.

훨씬 더 많은 주관적인 느낌을 실었다. 그 당시의 경험을 훌륭하게 기억해냈고, 어려웠던 상황에 대한 정보도 전달을 했다.

해발 1000m가 되는 산을 오른다고 가정해보자. 그럼, 우선 이 해발 1000m가 얼마나 높은지를 전달할 수 있다. 그리고 산을 오르면서 정말로 어렵게 건넜던 개울, 목숨을 걸고 올랐던 암벽, 가장 견디기 힘들었던 영하 20도의 추위 등 그 산을 오르기가 얼마나 어려운지를 알려 줌으로써 해발 1000m의 산을 오른 것이 얼마나 위대한 업적인지를 설명할 수 있다.

하지만 여기에서도 주의할 점은 있다. 주관적이라는 것은 작성하는 사람의 입장에서 보는 것이니까 이게 읽는 사람에게도 적절한 수준에서 전달이 되어야 한다. 인사 담당자나 면접관의 입장에서 충분히 이해가 가능한 그리고 수긍할 수 있는 수준이 되어야지 지나치게 오버하거나 부풀려서는 안 된다는 뜻이다.

만약에 당신이 주관적인 느낌을 실은 경력 사항이 너무 강하다는 느낌이 든다면, 참담한 실패담에 대한 이야기도 담을 수 있다. 실패를 통하여 무엇을 배웠고, 그 배운 것을 다음 번 업무에 어떻게 적용하여 결과적으로 좋은 실적을 낼 수 있었다는 식의 흐름이 되겠다. 이럴 때에는 당연히 그 실패담이 더 참담하면 참담할수록 결과가 돋보일 수 있다는 것만 기억하면 되겠다.

셀프 길라잡이 경력 사항에 주관적인 느낌을 실어라

나의 경력 사항에 주관적인 느낌을 실어보자. :

그 당시의 어려움, 고민, 노력, 끈기 등을 어떻게 표현하겠는가? :

④ 나라는 사람을 설명하라

1장의 '나는 지금 무엇을 하고 있는가'에서 이 부분을 잠깐 언급했었다. 경력자(經歷者), 즉 경력과 사람을 합한 말을 풀이하는 과정에서 앞에서는 '경력'이라는 단어에 집중하여 설명을 했다면 여기에서는 '자', 즉 사람이라는 단어에 집중하여 분석해보자.

이력서 어디에서도 나라는 사람을 인간으로서 설명할 수 있는 부분은 없다. 물론 면접에서는 있다. 아주 많이. 하지만 서류를 통과하지 못하고서는 면접으로 갈 수 없으니까 나라는 사람을 한 인간으로서 설명하는 시간을 가져보아야 하겠다.

경력 소개서의 항목으로 보았을 때 나라는 사람을 주관적으로 설명할 수 있는 부분은 업무상 강약점이 가장 적합하다. 에세이형의 경력 소개서에서도 맨 처음 단락으로 나라는 사람을 인간적인 접근으로 설명하는 것이 가장 자연스러운 구성이 된다. 앞에서 내가 누구인지를 이미 파악했다고? 그건 조금 다른 접근이다. 나를 ○○회사 ○○부서의 ○○○ 대리로 본 접근이니까. 여기에서는 한 인간으로서의 ○○○ 대리를 설명한다고 생각하면 쉽겠다.

〈經歷(경력)을 바탕으로 설명한 ○○○ 대리〉

중소기업에서 3년간의 직장 생활

사업 기획 경력

회계 관련 자격증

영어 문서 작성에 능통

해외 연수와 우수 사원 표창

> 저는 숫자를 다루는 일을 항상 즐겨왔기 때문에, 지금 하고 있는 일 역시 즐거운 마음으로 수행하고 있습니다. 정확한 계산과 꼼꼼함을 바탕으로 저는 어떤 일들의 균형을 맞추는 작업에 매우 자신이 있습니다. 매월 마감 업무로 인하여 스트레스를 받는 경우도 있지만, 제가 회사에 공헌을 한다는 사명감과 일에서 얻는 만족감을 바탕으로 야근 업무까지도 즐길 수 있습니다.
>
> 또한 직장 내에서 저는 선후배들과 좋은 관계를 유지하고 있습니다. 특유의 긍정적이고 활발한 성격으로 상사들에게는 귀여움을 받는 후배입니다. 후배들에게도 친절한 선배이기는 하지만 일에 있어서는 엄격함을 기본으로 하여 주어진 임무를 철저하게 수행해내고 있습니다.

어떤가? 전혀 다른 접근이다. 접근이 달라지니까 이야기도 전혀 달라진다. 이렇게 나라는 사람을 설명할 수 있는 것은 경력 소개서만의 특권이다. 그리고 상황을 자신에게 되도록이면 유리하도록 만들 수 있는 중요한 부분이며, 이력서에서 전달할 수 없었던 추가적인 정보를 전달할 수 있는 부분이기도 하다.

기업은 한 개인을 뽑을 때 단순하게 그 사람의 능력만을 보지는 않는다. 업무 능력과 함께 동료들과 어울려서 효과적으로 일할 수 있는 사람을 원한다. 각 조직에서 구성원간에 갈등을 최소화하고, 구성원들이 원활하게 의사 소통을 할 수 있을 때 그 조직에서는 최상의 결과를 만들어낼 수 있다. 당연히 각 조직이 모여서 하나의 기업을 이루게 되는 것이니까, 결국에는 한 개인이 회사에 영향을 끼칠 수도 있다는 뜻이 된다.

실제로 기업들도 몇 장 되지 않는 입사 지원서와 1시간 남짓한 정도의 면접만으로 지원자를 파악하는 데 애를 먹고 있는 것이 사실이다. 이직 후에 불성실한 근무 태도를 보인다거나, 불건전한 사내 문화를 조성하고, 다른 직원들과 갈등을 만드는 직원에 대해서 잘 파악하지 못했던 것이다.

당신은 어떤 者(자)인가?

셀프 길라잡이　　나라는 사람을 설명하라

나는 어떤 사람인지 경력과 분리하여 설명해보자. :

새로운 조직에 긍정적인 이미지를 주기에 충분하게 작성이 되었는지 알아보자. :

⑤ 내가 할 수 있는 것을 말하라

1장에서도 나는 무엇을 해줄 수 있는가를 파악하라고 했다. 여기에서도 내가 할 수 있는 것을 말하라고 필자가 다시 한 번 강조한다. 1장에서는 당신이 누구인지를 파악하기 위한 과정으로 알아본 것이고, 여기에서는 실제로 그것을 말하라는 것이다. 추상적인 말보다는 구체적인 방법을 통하여 풀어 보겠다.

대놓고 까발려라. 그냥 툭 터놓고 말해라. 어차피 다 당신들 분야의 선수들 아닌가?

"내가 무엇을 해봤고, 해봤기 때문에 또 그것을 할 수 있는 능력과 자질이 있고, 지원회사에서도 그것을 잘할 수 있는 자신이 있다."

이게 자연스러운 흐름이다.

'내가 무엇을 해봤고'는 상세하게 설명한 경력 사항이 될 것이고,

'그것을 할 수 있는 능력과 자질이 있고'는 경력 사항과 강약점을 통한 자신에 대한 설명이 될 것이다.

'지원 회사에서도 그것을 잘할 수 있는 자신이 있다'는 부분이 바로 지금 말하고자 하는 것이다.

그렇기 때문에 내가 할 수 있는 것을 말하기 이전에 나의 배경을 아주 상세하게 설명하지 않으면 안 되는 것이다. 내가 할 수 있는 것에 대한 설명은 자기 소개서의 마지막 단락인 이직 후 계획 항목에서 설명하는 것이 일반적이다. 그래야만 글의 흐름이 자연스럽고, 읽어보는 사람도 수긍을 할 수 있으니까. 샘플을 통하여 알아보도록 하자.

〈이직 후 계획 항목을 통하여 내가 할 수 있는 것을 전달〉

> 제가 만약 귀사와 함께 일할 수 있는 기회를 얻게 된다면, 먼저 현재 한국 지점에는 존재하지 않는 디자인 부서를 즉시 구성할 것입니다. 그리고 저는 국내와 해외의 고객들의 요구를 만족시킬 수 있는 호소력 있는 제품 디자인을 개발하기 위해 저의 기술과 능력들을 발휘할 것입니다. 또한 제품 디자인 분야에서 진정한 전문가가 되기 위한 도전을 절대로 멈추지 않을 것입니다.

위의 샘플은 다음과 같은 중요한 세 가지 메시지를 전달하고 있다.

- 한국 지점에는 존재하지 않는 디자인 부서를 즉시 구성할 것.
- 국내와 해외의 고객들의 요구를 만족시킬 수 있는 호소력 있는 제품 디자인을 개발하기 위해 기술과 능력들을 발휘할 것.
- 제품 디자인 분야에서 진정한 전문가가 되기 위한 도전을 절대로 멈추지 않을 것.

모두 다 내가 할 수 있는 것을 말하는 것이다. 말을 어렵게 빙빙 돌리지 않고 직설적으로 대놓고 말했다. 읽어 보는 사람이 이해하기 쉽게.

내가 할 수 있는 것을 알리는 방법은 또 있다. 바로 단락마다 내가 할 수 있는 것을 알려주는 것이다. 이것은 다소 변칙적인 방법인데 잘만 활용하면 위의 샘플보다 더 강력한 느낌을 전달할 수 있다.

<소제목을 활용하여 내가 할 수 있는 것 전달>

첫째, 한국 지점에는 존재하지 않는 디자인 부서를 즉시 구성할 것입니다.

⋮

둘째, 국내와 해외의 고객들의 요구를 만족시킬 수 있는 호소력 있는 제품 디자인을 개발하기 위해 기술과 능력들을 발휘할 것입니다.

⋮

셋째, 제품 디자인 분야에서 진정한 전문가가 되기 위한 도전을 절대로 멈추지 않을 것입니다.

⋮

어디서 많이 본 구성 같지 않은가? 그렇다, 앞에서 설명한 소제목형 경력 소개서에 바탕을 둔 구성이라 하겠다. 이렇게 각 단락의 소제목을 내가 할 수 있는 것에 집중하여 설명한 후에 그 밑에 적절한 내용으로 경력과 나에 대한 설명을 추가할 수 있다. 경쟁자가 많은 경우에 인사 담당자들은 이력서를 읽는다기보다는(read) 훑어본다는(scan) 느낌으로 검토를 하게 된다. 이럴 때 소제목을 활용하여 당신이 할 수 있는 것을 전달한다면, 지원자의 경쟁력이 무엇인지 제목만으로도 전달을 할 수 있다는 장점이 있다.

하지만 이 모든 설명도 지원 회사에 대한 철저한 분석 없이는 빛을 발하기 어렵다. 지원 회사에서 현재 축소하고 있는 사업 분야에 대한 관심을 보인다든지, 더 이상 출시하지 않는 제품에 대한 칭찬을 늘어놓는다든지 하는 등의 잘못된 접근은 다 된 답에 코를 빠뜨리는 그 이상의 행동이 될 수 있다.

　　　내가 할 수 있는 것을 말하라

내가 할 수 있는 것을 정리하여 문장으로 만들어 보자. :

내가 할 수 있는 것은 지원 회사에서 필요로 하는 것에 부합하는가? :

4

경력자는
이렇게
말한다

지금까지의 모든 노력은 면접을 보기 위한 과정에 불과하다. 상당히 먼 길을 온 기분이 들겠지만 어떻게 보면 지금부터 진짜 시작이라고 할 수 있다. 자신을 파악하는 일과 경력에 어울리는 이력서와 자기 소개서를 작성하는 일은 면접을 보기 위한 준비 과정일 뿐이니까.

앞에 변화된 취업 환경에 대한 이야기에서 이력서와 함께 면접에 대한 변화도 간략하게 짚어 보았다. 1차, 2차, 3차 면접에 영어 면접, 프레젠테이션, 이색 면접, 최종 면접까지 그야말로 산 너머 산이다. 경력자들이 몇 년 전 취업을 할 당시만 하더라도 지금처럼 빡센(?) 방식의 면접을 거치지는 않았을 것이다.

시대가 변했다. 시대가 변하면서 기업체에서 원하는 인재상도 자연히 변하였다. 따라서 기업체는 그 인재상에 맞는 적절한 인재를 뽑기 위해 충분한 시간을 가지고 지원자를 만나 보기를 원한다. 이력서보다도 면접에 더 큰 비중을 둘 수밖에 없는 이유이다. 면접의 질문 역시 단순하게 묻고 답하는 방식이 아니라 지원자의 깊은 속내까지 알아볼 수 있는 유형들로 변화하고 있다.

하지만 단순히 이러한 일반적인 면접의 변화에 적응하는 것만으로 될 일은 아니다. 왜냐하면 시대가 변하면서 당신도 함께 변했기 때문이다. 지금 당신의 이름은 경력자이다. 따라서 변화된 면접에 적응하는 자세를 바탕으로 경력자답게 이러한 모든 면접의 과정을 성공적으로 거쳐야 하는 것이다.

면접이란 사전적인 의미로 '직접 만나보고 인품이나 언행 따위를 시험하는 일, 흔히 필기시험 후에 최종적으로 심사하는 방법'이다. 그러니까 이력서를 제출한 이후에 지원자를 직접 만나서 인품도 보고 언행도 봐서 최종적으로 판단을 내리는 과정이 되겠다. 경력자니까 당연히 경력도 보겠고.

하지만 면접이라는 단어가 주는 중압감 때문에 면접을 무슨 취조처럼 생각하는 사람들이 많다. 부담을 가질 필요는 없다. 하지만 준비는 필요하다. 그냥 편안하게 술자리에서 말하는 것과 당신을 냉정하게 판단하기 위해서 눈에 쌍심지를 켜고 있는 사람들 앞에서 말하는 것은 분명 차이가 있으니까.

많은 면접의 종류 중에서 가장 큰 범위인 일반 면접과 영어 면접에 대해서 알아볼 것이다. 생각보다 당신이 주의해야 하고 준비해야 할 것들이 많다는 것을 알게 될 것이다.

일반 면접

일반 면접은 그냥 한국말로 하는 면접인데 뒤에 나올 영어 면접과 차이를 두기 위하여 일반 면접이라는 이름을 사용함을 미리 밝혀 두겠다.

일반 면접은 한국 사람이 한국말로 하는 면접인데 뭐가 어려울 게 있고, 준비할 게 있냐는 생각이 들 것이다. 하지만 앞에서도 언급을 했듯이 중요한 것은 당신의 위치에 맞게 면접에 임하는 것이다. 따라서 앞으로 알아볼 내용 역시 경력자의 위치에서 반드시 갖추어야 할 면접에 대한 기본적인 자세라고 생각하면 이해가 쉬울 것이다.

일단 당신이 누구인지를 파악하고, 파악한 것을 토대로 당신의 정보를 효과적으로 전달하였다. 면접까지 왔다는 것은 당신이 자신을 제대로 파악했고, 정보도 잘 전달했다는 증거가 된다. 그런데 문제는 정작 면접에 와서는 앞에서 보여준 것과 같은 노력을 하지 않는다는 데 있다. 보상 심리가 작용을 하는 것일까? 아니면 면접에서 더 꼬치꼬치 묻는 것이 자존심 상하는 일이라고 생각하는가?

서류를 제출하기 전에 당신은 지원 회사의 그 누구와도 만나본 적이 없다. 면접은 지원 회사와 당신과의 첫 만남이다. 첫 인상이 중요한 이직에서 첫 만남을 중요하게 생각해야 하는 것은 너무나도 당연하다.

① 친절해져라

패밀리 레스토랑에 가본 적이 있는가? 음식을 주문하게 되면 테이블 담당자가 당신이 주문한 음식을 받아 적는다. 그런데 그냥 꼿꼿하게 서서 주문을 받지 않는다. 먼저 한쪽 무릎을 꿇고 앉는다. 그리고는 자리에 앉아 있는 당신과 눈을 맞춘다. 주문을 받으면서 당신이 묻는 음식에 대한 질문에 답변을 한다. 주문이 완료되면 받아 적은 주문을 일일이 다시 한 번 확인한다.

친절하다. 면접에서 당신의 자세는 바로 이래야 한다.

경력자는 경력에 어울리는 능력과 기술이 있다. 하지만 단순하게 그 경력을 나열하는 것에서 그치면 안 된다. 최대한 친절하게 방향을 잡아주고 다리를 놓아서 목적지까지 가는 길을 알려주어야만 면접관이 당신을 이해해줄 수 있다.

그렇게 하지 않아도 면접관이 당신을 이해할 수는 있다. 하지만 그들은 이해하지 못하는 척할 것이다. 면접관이 알아서 생각하는 수고를 덜어주지 못한다면 아무도 그것을 애써서 알아내려고 하지도 않을 것이고, 알아도 알고 있는 척을 하지 않을 것이다. 왜냐하면 이 수고를 덜어주는 일이 바로 지원자가 면접을 통해서 해야만 하는 일이기 때문이다. 이 일을 제대로 하지 못하는 지원자는 이력서와 경력 소개서에서 작성한 모든 자질을 의심받게 될 가능성이 크다.

면접에서 친절함은 디테일로 표현할 수 있다. 가장 중요한 경력 사항을 예로 들어보자.

"이전 직장에서 당신은 무슨 일을 하셨습니까?"

"이전 직장에서 저는 기획 MD팀에서 보조MD로 일하였습니다."

전혀 친절하지 않다. 디테일이 빠져 있기 때문이다. 이런 식으로는 면접관이 알아서 생각하는 수고를 전혀 덜어줄 수 없다.

"이전 직장에서 저는 기획 MD팀에서 근무하였습니다. 보조MD로서 저는 시장 트랜드와 경쟁사를 분석했고, 계절 상품 기획을 수행했고, 온라인 매장들을 관리했습니다. 동시에 온라인 상점들의 계절별 구성을 세밀하게 계획하고, 몇몇 브랜드에 대한 제품 MD 매뉴얼을 준비하는 데 참여하였습니다.”

친절하다. 디테일이 포함된 경력 사항이기 때문이다.

이 친절함은 비단 경력 사항 전달에만 적용되는 것은 아니다. 일반 면접에서 전달하는 모든 메시지에 친절함을 담아야 한다. 다른 질문을 통하여 알아보자.

“당신은 다른 직원들과 어떻게 일합니까?”

“기본적으로 저는 직장에서 다른 일원들과 꽤 잘 어울립니다.”

정답이기는 한데 친절하지는 않다. 그냥 꼿꼿하게 서서 주문을 받는 것 같은 느낌을 준다.

“기본적으로 저는 직장에서 다른 일원들과 꽤 잘 어울립니다. 저는 솔선수범하여 일하며, 아주 열정적이고 믿을 수 있는 직원으로 통하고 있습니다. 누군가와 갈등이 생기면, 저는 그들의 입장에서 그들을 이해하고 제가 갈등을 일으켰을지도 모르는 무엇인가를 잘못했는지 보려고 노력합니다. 만약에 그 갈등을 해결할 방법이 없다면, 저는 해결책을 찾을 수 있을 때까지 대화를 계속할 것입니다.”

이번에는 무릎을 꿇고 눈을 맞추고 받은 주문을 다시 확인까지 하고 있다. “기본적으로 저는 직장에서 다른 일원들과 꽤 잘 어울립니다.”라는 핵심 메시지에 친절함을 담아서 자신에 대한 더 많은 디테일을 전달하고 있다.

경력자인 당신은 면접관에게 완벽한 서빙을 해야 한다.

당신이 지금 하고 있는 일을 설명해보자.(친절하게 디테일을 담아서) :

당신은 다른 직원들과 어떻게 일하는지 설명해보자.(친절하게 디테일
을 담아서) :

② 경력자는 자신을 이렇게 소개한다

자신을 소개하는 질문은 일반적으로 면접의 초기 부분에 위치하게 된다. 생각을 해보면 자신을 소개하는 것은 별로 어렵지 않아 보인다. 왜냐하면 자신에 대해서 가장 잘 알고 있는 사람은 바로 자신이기 때문이다. 하지만 자신을 소개하는 것을 면접에서 하게 된다면 얘기는 또 달라진다. 면접이라는 압박적인 분위기에서 자신에게 주어진 한정된 시간 안에 답변을 해야 한다면 순간적으로 좋은 내용을 전달하기가 쉽지 않기 때문이다. 또한 경력자의 경우라면 신입과는 무엇인가가 달라야 하는데, 도대체 어떻게 방향을 잡아야 경력의 냄새를 물씬 풍겨줄 수 있을지 감을 잡기가 어렵다.

가장 쉽고도 간단한 방법은 전체적인 자기 소개의 내용을 경력에 집중하는 것이다. 앞에서도 언급을 하였지만 신입의 경우에는 가능하면 대학교를 포함하여 그 이후의 이야기로 이력서와 자기 소개서를 작성한다. 경력의 경우에는 경력을 포함하여 그 이후의 이야기에 집중을 하게 된다. 면접도 마찬가지이다. 신입 지원자의 자기 소개를 한번 들여다보자.

"안녕하십니까? 저는 김연욱입니다. 호텔 서비스에 대한 관심으로 저는 세창 대학교에서 호텔 경영학사를 취득하였습니다. 또한 글로벌 인재로 거듭나기 위해서 졸업 후 바로 중국과 일본에서 어학연수를 각각 마쳤습니다. 그리고 지금은 세창 대학원에서 호텔 경영학 석사 과정을 마쳤으며, 현재 논문을 준비 중에 있습니다."

철저하게 학력에 바탕을 둔 자기 소개이다. 왜냐? 내세울 게 이것밖에 없으니까. 그런데 김연욱은 이후에 세창 호텔에 입사하여 3년간의 경력을 쌓는다. 모든 내용을 처음부터 종합해보자.

“안녕하십니까? 저는 김연욱입니다. 호텔 서비스에 대한 관심으로 저는 세창 대학교에서 호텔 경영학사를 취득하였습니다. 또한 글로벌 인재로 거듭나기 위해서 졸업 후 바로 중국과 일본에서 어학 연수를 각각 마쳤으며, 세창 대학원에서 호텔 경영학 석사 학위를 취득하였습니다. 그리고 지난 3년간 현 직장인 세창 호텔에서 컨시어즈로 일해왔습니다. 주로 외국인 고객 관리와 객실 예약, 고객 안내, 고객 불편 처리 등의 고객 서비스 전반을 관리해왔습니다. 자발적으로 일할 수 있는 열정적인 사람으로서 저의 업무 수행 능력과 직장 내에서의 헌신적인 태도에 만족하시리라고 확신합니다.”

처음 대학부터 지금까지 모든 내용이다. 그런데 경력자는 이 중에서 경력 사항에만 집중을 하면 된다. 다음과 같이 나올 것이다.

“안녕하십니까? 저는 김연욱입니다. 호텔 서비스에 대한 관심으로 지난 3년간 현 직장인 세창 호텔에서 컨시어즈로 일해왔습니다. 주로 외국인 고객 관리와 객실 예약, 고객 안내, 고객 불편 처리 등의 고객 서비스 전반을 관리해왔습니다. 자발적으로 일할 수 있는 열정적인 사람으로서 저의 업무 수행 능력과 직장 내에서의 헌신적인 태도에 만족하시리라고 확신합니다.”

심플하게 바로 본론으로 들어가라는 뜻이다. 왜냐하면 면접관은 이것을 알고 싶어하니까. 이것에 관심이 있으니까. 색을 칠하기 전에 우선 밑그림을 그린다는 기분으로 경력 사항을 바탕으로 한 자기 소개를 툭 던지면 된다. 지금은 자기를 소개하는 질문이지 경력을 소개하는 질문이 아니니까 디테일이 많이 포함되어 있지 않아도 괜찮다. 앞으로의 면접에서 보다 더 상세한 경력 사항을 다루게 될 것이니까.

디테일한 경력 사항과 경력을 바탕으로 한 자기 소개를 분리하는 데 다소 어려움을 느낀다면 다음과 같은 느낌으로 자신을 소개해 볼 수도 있다.

"저는 항상 모든 일에 최선을 다하는 사람입니다. 최선을 다해서 일을 수행하면 그에 따르는 결과를 통하여 최고의 만족감을 느낍니다. 일을 잘하고 항상 최고의 노력을 다 하면 그 대가는 항상 따라온다고 믿습니다. 또한 이것이 성공하기 위한 유일한 방법이라는 것도 알고 있습니다. 이런 방법으로 저는 직장에서 꽤 좋은 인상을 주어 왔고, 유능하고 믿을 수 있는 직원으로 인정받아 왔습니다."

자, 이것 역시 경력에 바탕을 둔 자기 소개이다. 하지만 경력 사항의 요약은 아니고 지원자의 자질에 바탕을 두고 있다. 앞에서 알아본 경력 소개서의 업무상 강점 항목의 느낌이라고 생각하면 되겠다. 이렇게 되면 경력 소개에 대한 디테일한 답변을 save해둘 수 있다는 장점이 있다.

지원자 스스로 위와 같이 줄거리를 먼저 잡아 놓게 되면 면접관 역시 자기 소개에서 답변한 개략적인 내용에 대해서 보다 상세한 설명을 듣고 싶어할 확률이 높아지게 된다. 이렇게 되면 지원자 입장에서는 어느 정도 미리 예상을 하고 면접을 준비할 수 있다는 장점도 있다. 즉, 당신이 먼저 여러 개의 미끼를 던져 놓고, 면접관이 그 미끼를 물기를 기다리는 것이다.

어떤 방식으로 자신을 소개해야 한다는 법칙은 없다. 본인의 상황에 맞게, 그리고 면접의 상황에 맞게 적절한 방식을 택하면 되겠다. 경력 사항이든 업무상 강점이든 경력이 바탕이 되어야 한다는 사실만 기억하면 되겠다.

 **셀프 길라잡이** 경력자는 자신을 이렇게 소개한다

경력 사항을 바탕으로 자신을 소개해 보자. :

업무상 강점을 바탕으로 자신을 소개해 보자. :

③ 핵심을 짚어라

경력에 바탕을 둔 자기 소개로 멋지게 면접을 시작했고, 디테일을
포함하여 경력 사항을 친절하게 설명했다. 그런데 시간이 갈수록 면
접관의 표정이 어두워지고, 나에 대한 관심이 떨어지고 있다는 느낌
이 든다. 결과 역시 좋지 않았다. 왜 그런 것일까?

나름대로 경력도 뛰어났고 그에 맞는 자질도 갖추었는데 면접에
서 결과가 좋지 않았다면 이유는 단 한 가지이다. 핵심을 짚지 못한
것이다. 다시 말해서 면접관이 혹은 지원 회사가 관심이 있어 하는
당신의 경력과 자질에 집중을 하지 못했던 것이다.

앞에서도 말했다. 이력서보다 면접의 비중이 점차 높아지고 있다
고. 만나서 직접 지원자를 겪어 보는 것이 100장의 이력서를 읽는 것
보다 낫다. 따라서 아무리 이력서가 뛰어나고 경력 소개서가 감동을
주어도 만나봐서 아니면 아닌 것이다. 이력서랑 경력 소개서에서는
꽤 그럴싸하게 보였는데 막상 만나보니 실망감을 주는 지원자가 된
것이다.

이미 이력서와 경력 소개서 작성을 통해서 지원 회사가 당신의 무
엇에 관심이 있는지를 알고 있을 것이다. 그것에 집중을 하면 된다.
문서로 이미 길을 잘 닦아 놓았는데 왜 다른 길로 가려고 하는가?
1장에서 수고해주었던 강 대리를 다시 불러보자.

〈지원자와 지원 회사의 경쟁력 비교〉

강 대리의 경쟁력	지원 회사에서 필요로 하는 경쟁력
중소기업에서 3년간의 직장 생활	대기업의 직장 경험
사업 기획 경력	신규사업 기획 경력자
회계 관련 자격증	기본적인 회계 및 마케팅 지식
영어 문서 작성에 능통	일본어 의사 소통 능력
해외 연수와 우수 사원 표창	회사 매출에 대한 공헌도 높은 자

1장의 '왜 나를 필요로 하는가'를 통해서 강 대리는 자신이 집중해야 할 부분이 무엇인지를 파악하게 되었다. 다음 세 가지가 그것이었다.

• 신규 사업 프로젝트를 담당했던 경력이 포함되어 있는 사업 기획 경력

• 회계 관련 자격증

• 해외 연수와 우수 사원 표창

나머지 다른 경쟁력에 대해서는 다른 방식으로 접근을 해야 했다. 왜냐하면 지원 회사에서 특별하게 찾고 있던 경쟁력이 아니었으니까. 다음 두 가지가 그것이었다.

• 중소 기업에서 3년간의 직장 생활

• 영어 문서 작성에 능통

면접관이 다음과 같이 물었다.

"당신의 핵심 경쟁력에 대해서 말씀해 주시기 바랍니다."

강 대리가 답변했다. 빠른 이해를 위해서 가능한 간결한 문장으로 예를 들어 보겠다.

"저는 중소기업에서 3년간의 사업 기획 경력을 가지고 있습니다.

중소기업의 특성상 많은 업무를 빠른 시간 내에 경험해 볼 수 있었습니다. 특히 영어 문서 작성에 능통하며 영어로 진행하는 어떤 업무도 자신이 있습니다."

자, 그럼 강 대리의 답변을 한번 분석해보자.

• 저는 중소기업에서 3년간의 사업 기획 경력을 가지고 있습니다.

⇒ 지원 회사에서는 사업 기획 경력 중에서도 신규사업 기획 경력을 갖춘 사람을 필요로 하고 있다.

• 중소 기업의 특성상 많은 업무를 빠른 시간 내에 경험해 볼 수 있었습니다.

⇒ 지원 회사에서는 대기업의 직장 경험을 가진 사람을 필요로 한다.

• 특히 영어 문서 작성에 능통하며 영어로 진행하는 어떤 업무도 자신이 있습니다.

⇒ 일본어 의사 소통 능력이 있는 사람을 필요로 하고 있는데 강 대리는 핵심을 짚어주지 못하고 있다.

강 대리는 다음과 같이 핵심을 짚어 주는 답변을 만들어야 한다.

"저는 신규사업 기획 경력을 포함한 3년간의 사업 기획 경력을 보유한 경력자입니다. 회계 관련 자격증과 마케팅 세미나 참석 경험을 바탕으로 기본적인 업무 지식을 갖추었습니다. 항상 최선을 다해서 일해왔기 때문에 뛰어난 실적을 올릴 수 있었고, 포상으로 주어지는 해외 연수와 우수사원상을 수상할 수 있었습니다."

이런 식으로 지원 회사에서 관심이 있어 하는 부분의 경쟁력을 먼저 짚어준 후에 앞으로 이어지는 면접에서 추가적인 경쟁력을 전달하면 되는 것이다.

간단한 문제이고, 또 자신이 이미 이력서와 경력 소개서를 통해서 분석한 것임에도 불구하고 면접에서는 딴 소리를 늘어놓게 되는 경우가 많다. 면접에서 자신에 대한 더 많은 정보와 이력서 및 경력 소개서에서 미처 전달하지 못한 이야기를 전달하려는 욕심이 과해서 생기는 결과일 수 있다. 혹은 다른 접근으로도 충분히 동일한 메시지를 전달할 수 있다는 잘못된 생각 때문일 수도 있다.

글로 작성하는 것과 직접 말로 하는 것은 엄청난 차이가 있다. 한 번 말한 것은 주워담을 수 없으니까.

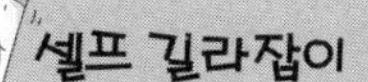

핵심을 짚어라

이력서와 경력 소개서에서 잡아 놓은 방향을 기억하고 있는가? :

그 방향에 맞춰서 자신의 경력 사항을 한번 소개해 보자. :

④ 질문의 목적을 이해하라

면접이 어려운 이유는 면접관이 무엇을 물어볼지 모르기 때문이다. 그래서 면접 족보가 지원자에게는 구원자와 같은 중요한 자료가 되는 것이다. A라는 회사에 가면 무엇을 물어보더라 하는 등의 경험담은 그 회사의 면접을 기다리고 있는 지원자들에게 천군만마를 얻는 것과 같은 기분을 들게 하기에 충분하다.

그런데 중요한 것은 면접관은 족보대로 물어보지 않는다. 기업체역시 자신들 회사의 면접 족보를 지원자들이 공유하고 있다는 사실을 발 빠르게 알아내어 매번 새로운 질문을 구성한다는 것을 앞에서도 알아보았다. 따라서 면접 족보는 참고용으로 활용을 해야지 절대적인 자료로 활용을 하다가 낭패를 보는 경우가 생길 수 있다.

기업체는 지원자가 준비할 답변보다는 마음속 깊은 곳에서부터 우러나오는 진실한 답변을 듣고자 한다. 물론 답변을 미리 준비했다고 해서 진실되지 않다는 뜻은 아니다. 면접관은 밥 먹고 면접만 하는 사람이다. 그만큼 많은 사람들을 보아왔고, 사람을 볼 줄 아는 능력이 있다는 뜻이다. 따라서 당신이 면접을 준비했다는 티가 나면 즉석에서 돌발적인 새로운 질문을 출제하는 경우가 많다. 하지만 이것이 면접을 준비하지 말라는 뜻은 아니다. 기본적으로 준비해야만하는 사항들은 모두 준비를 하되 이러한 돌발적으로 발생할 수 있는 시나리오 역시 머릿속에 그려두라는 뜻이다.

면접에서 가장 중요한 것은 족보가 있는가 없는가도 아니요, 연습을 했는가 안 했는가도 아니다. 바로 면접관이 그 질문을 물어보는 목적 자체를 이해하는 것이다. 바로 예를 들어 보겠다. 제약 영업 경력자의 면접 내용이다.

"당신은 지금 무슨 일을 하고 있습니까?"

"지난 해 저는 경기도 지역을 인수 받아, 지금까지 이 지역에서 로컬 영업을 하고 있습니다."

"경기도 지역을 인수받을 당시에 상황은 어땠습니까?"

"제가 인수 받을 당시 이 지역의 매출액은 100만 원 정도였습니다. 상황이 얼마나 나쁘든지 간에 그 지역의 매출액을 반드시 올려야 했습니다. 우선 저는 3개월 안에 매출액을 50%까지 올리고, 6개월 후에는 100% 상승시키는 것에 목표를 두었습니다."

"그래서 그 결과는 어땠습니까?"

"그 계획에 따라서 저는 제가 취급하는 제품의 우수성을 알리기 위하여 영업 프로모션과 세미나를 열었습니다. 영업 프로모션과 세미나를 통하여 예상보다 많은 고객을 확보하여 제가 세운 목표를 달성할 수 있었습니다. 인수 6개월 만에 그 지역의 매출액을 100% 상승시킬 수 있었고, 이러한 실적을 인정받아 해외 연수에 참가할 수 있는 기회를 얻었습니다."

이 경력자의 상세한 업무 내용과 그 당시의 상황 그리고 실적에 대한 정보를 얻기 위해서 면접관은 3개의 다른 질문을 던졌다. 하지만 첫 번째 질문에서 모든 정보를 취합한 답변을 전달할 수 있었다. 아니, 그렇게 답변을 하는 것이 옳다. 왜냐하면 그것이 면접관이 알고 싶어하는 정보이니까. 면접관이 질문한 목적을 이해한 답변이니까.

만약에 면접관이 친절하지 않았다면, 그리고 당신에게 약간만 덜 관심이 있었다면, 위처럼 2개의 질문을 추가적으로 묻지 않았을 것이다. 그랬다면 당신은 당신이 얼마나 악조건에서 일을 했는지 그리고 그 악조건을 딛고 뛰어난 업적을 이루었는지를 전달하지 못했을 것이다. 면접관은 냉정하다.

또한 다대다(면접자도 많고 면접관도 많은 경우) 면접의 경우에는 당신에게 주어지는 시간과 질문이 한정되어 있을 가능성이 높다. 어쩌면 단 한 번의 기회일 수도 있다. 자신에게 주어진 기회를 적절하게 살리지 못한다면 당신이 짧게 답변한 것만으로 당신의 능력과 자질이 평가받게 될 것이다.

압박성 질문이나 돌발 질문 역시 마찬가지이다. 지원자를 당황하게 만들어서 순간적인 대응을 보기 위한 목적도 있을 수 있겠고, 곤란한 상황에서 나오는 진실된 마음을 알고자 하는 목적도 있을 수 있다. "당신은 지금 이 자리에 맞지 않는 것 같은데요?"라는 압박적인 질문을 곧이곧대로 받아들이는 지원자는 없을 것이다.

〈면접관의 질문과 그 목적〉

질문의 종류	질문의 목적
자기 소개	경력을 바탕으로 한 지원자의 전체적인 경력의 흐름을 큰 그림으로 알아보기 위한 목적
경력 사항	어디에서 얼마 동안 무슨 일을 했으며, 그 결과는 어땠는지, 그리고 회사에 대한 공헌도는 어느 정도인지를 알아보기 위한 목적
업무상 강점	직장 내에서 어떤 사람인지, 동료들과 잘 어울리는지, 효과적으로 일하는지, 이직을 하면 새로운 환경에 잘 어울릴 수 있는 지원자인지를 알아보기 위한 목적
이직 이유	지원 회사에 대한 관심이나 일에 대한 열정이 진심인지, 이직을 하게 되면 열심히 일 할 수 있는 지원자인지 등을 알아보기 위한 목적

질문의 종류	질문의 목적
이직 후 계획	지원 회사에 어떤 이익을 가져다 줄 수 있는지, 다른 경쟁자에 비해서 특별한 능력이나 기술이 있는지를 알아보기 위한 목적

위의 표가 보여주는 것처럼 면접관의 질문에는 반드시 목적이 있다. 면접에서 의미 없는 질문이란 있을 수 없다. 한 개의 질문을 받으면 그 질문을 통하여 나로부터 어떤 정보를 얻고자 하는 것인지 생각해내야 한다. 혹 나중에 또 비슷한 질문을 받게 된다면, '아까도 잠깐 언급을 드렸지만…' 하는 식으로 자연스럽게 더 많은 정보를 전달할 수 있다.

예상 가능한 질문들을 죽 늘어놓고 답변을 만들어서 연습을 하기 전에 질문의 의도를 파악하여 어떤 정보를 전달할지 먼저 결정하기 바란다. 그리고 나서 답변을 만들어 연습을 하는 것이 올바른 순서이다.

당신은 지금 무슨 일을 하고 있습니까?(질문의 목적을 이해한 답변을 만들자) :

당신은 왜 이직을 하려고 하십니까?(질문의 목적을 이해한 답변을 만들자) :

⑤ 경력자답게 말하라

당신은 이미 직장 생활을 경험해 본 사람이다. 어떤 경력자의 경우에는 면접관보다 훨씬 더 오랜 경력을 가지고 있는 경우도 있다. 따라서 당신은 조직이 어떤 사람을 필요로 하는지, 어떻게 해야 조직에서 예쁨을 받을 수 있는지를 알고 있다. 물론 어떻게 이야기해야 당신다운 것인지도 알고 있을 것이다.

가장 중요한 것은 이야기를 풀어가는 모든 과정에서 전문적이고 세련된 메시지를 전달해야 한다는 것이다. 질문과 답변을 통하여 구체적으로 알아보겠다.

"당신의 회사는 전시회를 준비하고 있는 거래처에 잘못된 샘플을 전달하였습니다. 전시회 준비는 코 앞으로 다가왔고, 거래처 담당자로서 당신은 이 모든 문제를 해결해야 합니다. 어떤 방법을 사용하시겠습니까?"

"일단은 거래처를 잘 달래서 죄송하다는 말을 전한 후에 샘플을 다시 전달하도록 하겠습니다."

근본적으로 문제를 해결할 수는 있을 것처럼 보이지만 전문적인 느낌이 물씬 풍기지는 않는다. 당신은 경력자이므로 그에 맞는 상황 대처 능력을 보여 줄 필요가 있겠다. 그 동안의 경험과 지식을 총동원하여 답변을 다시 만들어 보자.

"먼저 거래처에 진심으로 사죄의 말을 전하겠습니다. 그리고 빠른 우편을 통하여 샘플을 가능한 빨리 전달하여 거래처가 전시회를 준비하는 데 차질이 없도록 하겠습니다. 우선 샘플을 전한 후에 자체적으로 조사하여 문제의 원인을 파악해내고, 거래처에 이러한 사실을 알려서 추후 다시는 이런 일이 없도록 완벽을 기하겠습니다. 또한 잘못 전달된 샘플은 전시회가 끝난 후 저희쪽 부담으로 천천히 돌려받을 것입니다."

이 정도가 세련된 답변이다. 답변의 짧고 긴 정도가 중요한 것이 아니라 얼마나 전문적인 방법으로 문제를 해결하는지가 중요한 것이다.

만약에 자기 소개를 한다고 한다면 다음과 같은 문장으로 답변을 시작할 수 있겠다.

"먼저 오늘 이 자리에 올 수 있게 기회를 주신 면접관 님들께 감사의 말씀을 드립니다."

또한 경력이나 업무상 강점 등에 대한 답변도 마찬가지이다. 경력자만이 보여줄 수 있는 그런 느낌이 필요하다.

"귀사는 ○○○업무를 진행하는 저만의 노하우와 성공적인 결과를 가져올 수 있는 능력에 만족하실 것이라고 확신합니다."

경력자만이 전달할 수 있는 자신감 있고 확신에 찬 느낌을 전달할 수 있다. 기본적인 매너를 갖추는 것 이상이라고 볼 수 있겠다. 단순하게 겸손하고 차분한 분위기로 답변을 전달하는 것은 신입도 할 수 있다. 매너 있게 모든 질문을 잘 듣고 논리적으로 답변을 하는 것은 조금만 신경을 쓰면 경력이 없는 사람도 할 수 있다. 하지만 경력이 없다면 자신의 답변에 적용할 수 있는 경험이나 지식은 만들어 낼 수 없다. 이것은 우러나오는 것이지 억지로 짜내서 될 일이 아니기 때문이다.

경력자답게 말하라

경력자다운 면접 시작 인사말을 만들어 보자. :

경력자다운 마지막 인사말을 만들어 보자. :

영어 면접

대기업의 60% 이상은 영어 면접을 정식 면접으로 활용하고 있다. 중소기업들도 점차 그 비중을 높여가고 있고, 공공 기관 등에서도 영어 면접을 도입하고 있는 추세이다.

기업들은 그 동안 토익과 같은 공인 어학 점수를 바탕으로 지원자를 걸러내왔다. 점수를 좋아하는 기업들은 이것으로 지원자의 영어 실력을 판단할 수 있을 거라고 생각했다. 하지만 점수가 지원자의 회화 능력을 판단하는 척도가 되기 어렵다는 사실을 깨달았고, 영어 면접을 통하여 지원자의 회화 능력을 직접 판단하기 시작했다.

또한 글로벌 시대에 대응하기 위해서 해외 유학파나 일정 수준 이상의 영어 능력을 갖춘 지원자를 선호하게 되었다. 각 회사의 채용 공고를 살펴보면 '영어 가능자 우대'라는 항목이 눈에 띄게 많아졌다는 것을 알 수 있을 것이다. 대리부터 부장급 이상까지 직급 여하를 막론하고 이러한 항목이 지난 3년간 꾸준하게 증가해오고 있는 추세이다. 업무상 영어가 필수적인 무역업이나 서비스업은 말할 것도 없고, 반도체, 자동차, 화학, 제약, IT 등 거의 모든 분야가 영어를 잘하는 사람을 원하고 있다. 직종별로 보자면 해외 영업, 기술 영업, 홍보, 기획, 마케팅 등의 순으로 영어를 잘하는 사람을 선호하고 있다.

무조건 영어만 잘하는 사람을 원하는 것은 물론 아니다. 기왕이면 다홍치마라고 기본적인 능력이나 자질이 비슷한 지원자가 있다면 영어 능력이 더 뛰어난 사람을 선택하게 된다는 뜻이다. 영어 능력은 영어 면접을 통하여 알아볼 수 있다. 기업체에서 영어를 잘하는 직원이나 인사 담당자가 직접 판단을 해보기도 하고, 어학원이나 필자와 같은 사람에게 대행을 맡기기도 한다.

당신이 이직을 한 이후에 영어가 필요한 업무를 잘할 수 있을지 없을지는 차후의 문제이다. 일단 중요한 것은 영어 면접을 통과해야 하는 것이다. 다음 몇 가지의 사항을 통하여 효과적으로 영어 면접을 대비할 수 있는 방법을 알아보도록 하자. 지금 알아볼 영어 면접은 외국인 면접관과 진행되는 정통 영어 면접에 초점을 맞추었음을 미리 밝혀 두겠다.

① 문화를 이해하라

그 나라의 문화를 이해하지 못하고서는 그 나라의 언어를 이해할 수 없다. 하지만 영어 면접을 대비하기 위해서 단기간에 영어 실력을 향상시키기는 쉽지 않고, 그 나라의 문화를 습득하기란 더더욱 쉽지 않다. 따라서 면접이라는 특수한 상황에 맞춰서 영어를 문화적인 측면에서 이해해보도록 하겠다.

경력자들이 가장 많이 범하는 실수 중 하나는 지나친 겸손에서 찾아볼 수 있다. 당신은 이미 지금 다니고 있는 혹은 이미 떠난 직장에서 검증된 능력을 갖추고 있는 사람이다. 해당 분야에 대한 지식과 노하우도 갖추고 있다. 하지만 경력자의 매너를 갖추어야만 한다는 일념 하에 영어 면접에서조차 겸손을 떤다.

"저는 아직 부족한 것이 많지만"

"아직 배워야 할 것이 많다고 생각하지만"

"저에게 다소 부족한 부분이 있더라도…"

수없이 많은 겸손한 멘트들을 더 만들어 낼 수 있다. 하지만 이러한 문장이 영어로 전달되었을 때 그 느낌은 겸손함이 아니라 자신감 결여가 되고 만다. 영어는 단어나 문장 자체에 이중적인 느낌이 많이 포함되지 않는다. 부모가 자식의 잘못을 자신의 탓으로 돌리며, "모두가 다 내 잘못이야"라고 영어로 말한다면, 듣는 사람은 진짜로 그 부모가 잘못을 한 것으로 이해하게 된다.

또 다른 한 가지는 일에만 중독된 사람처럼 보여서는 안 된다는 것이다. 당신이 진짜로 일 중독이라고 할지라도 가정을 챙기는 사람이라는 점을 보여주어야 한다. 아직 미혼이라면 퇴근 후의 건전한 여가 활동을 통하여 스트레스를 풀고, 그것을 다시 일에 집중하는 데 사용하고 있다는 것을 보여 주어야 한다. 술로 푸는 스트레스 말고 말이다.

영어 면접을 보면 가족과 오랜 기간 떨어져서 일을 할 수 있는지, 취미가 무엇인지, 자녀가 있다면 어떻게 시간을 함께 보내는지, 스트레스는 어떻게 푸는지 등과 관련된 질문을 자주 접하게 된다. 가정을 중요시하고, 자기 자신을 진정으로 사랑하고 관리하는 사람이 일도 잘하는 사람이라고 그들은 생각한다. 가장 기본적인 집단인 가정에 충실하지 못한 사람은 회사라는 집단에도 충실하지 못할 것으로 판단하기 때문이다.

마지막으로 중요한 것은 바로 유머이다. 유머는 단순하게 분위기를 화기애애하게 만들 수 있다는 장점 말고도 당신이 여유 있는 지원자라는 것을 전달할 수 있다는 점에 주목해야 할 필요가 있겠다. 일반적으로 면접에 임하게 되면 긴장을 하게 된다. 그런데 면접을 영어로 해야 한다면 웬만한 실력을 갖춘 지원자를 제외하고는 대부분이 더 많이 긴장을 하게 될 것이다. 이럴 때에 당신의 답변에 유머를 섞어보자. 당신 스스로의 긴장감을 덜어주면서, 딱딱한 면접의 분위기를 반전시킬 수 있고, 무엇보다도 당신이 여유 있고 자신감 있는 지원자라는 면을 보여줄 수 있을 것이다.

당신은 개그맨이 아니다. 애써 웃기려 들 필요는 없다. 다음과 같은 예를 보면서 유머를 어떻게 적절하게 활용할 수 있는지 알아보자.

"우리 회사에 대해서 들었던 안 좋은 소문은 무엇입니까?"

"제가 귀사에 대해서 들었던 가장 안 좋은 소문은 면접이 까다롭고 입사하기가 아주 어렵다는 것이었습니다."

"앞으로 5년 후에 자신의 모습을 설명해 보시기 바랍니다."

"아마 두 아이의 아빠가 되어서 행복한 가정을 꾸리고 있을 것입니다."

유머로 자신의 긴장을 풀어줄 수 없다면 제스처를 취해도 좋다. 다소 오버스러운 동작일지라도 상관없다. 두 손을 책상 위로 올려서 답변하는 내용에 적절한 손동작을 곁들일 수 있다. 손가락으로 숫자를 표현해도 좋고, OK라는 단어를 만들어도 좋고, 손바닥을 펴고 빙빙 돌려도 좋고, 주먹을 꽉 쥐어 보여도 좋다. 더불어서 역동적이고, 공격적인 지원자라는 느낌과 함께 자신감을 전달하기에 좋은 방법이다.

위에서 알아본 것은 영어 면접 안에서 문화를 가장 빨리 이해하고 적응할 수 있는 단지 몇 가지 방법에 불과하다. 이야기를 하자면 끝도 없겠지만 최소한 위에서 설명한 것 정도는 자연스럽게 받아들일 수 있는 자세가 필요할 것이다. 당신은 지금 영어로 말하고 있는 중이니까.

자신감이 충만한 내용을 바탕으로 자기 소개를 해보자. :

퇴근 후의 생활에 대한 적절한 답변을 만들어 보자. :

위에 만든 답변 중 한 가지에 적절한 유머를 섞어보자. :

위 세 가지 중 한 가지 답변을 하면서 제스처를 취해보자. :

② 예상 문제를 뽑아라

면접에서는 묻는 말에 솔직하게 답변을 하면 되는 것이라고 생각하면 쉽지만 이 답변을 영어로 해야 한다면 이야기가 전혀 달라진다. 한글로 준비했던 답변도 막상 긴장을 하게 되면 생각이 나지 않아 당황하곤 하는데, 그 답변을 다시 영어로 순간적으로 바꾸어야 한다면 말문이 막힐 수밖에 없을 것이다. 이에 필자는 예상 문제를 뽑아서 사전에 충분한 연습을 할 것을 적극적으로 추천하는 바이다.

면접에서는 그 어떠한 질문이나 분위기도 예상하기 쉽지 않다. 따라서 질문을 예상하여 준비를 한다는 것이 무의미하다고 생각하는 사람들도 있다. 혹자는 면접에서 미리 준비한 답변을 하면 감점의 요인이 된다고들 한다. 그럼 당신은 그 어떤 답변도 준비하지 않고 순간적으로 그것도 영어로 답변을 자연스럽게 늘어놓을 수 있을 정도의 실력이 된다고 생각하는가? 만약에 그렇지 않다면 미리 준비하고 연습을 해두기 바란다. 충실한 답변을 하지 못해서 우물쭈물대는 것보다 준비해간 답변을 바탕으로 적절한 답변을 만드는 것이 훨씬 더 효과적인 방법이 될 것이다.

그럼, 가장 기본이 되는 5개의 질문을 알아보자. 이 역시 반드시 나온다는 보장은 없다. 하지만 세부적으로 영어 면접의 질문을 예상하기 이전에 다음 5개의 질문에 대한 답변을 미리 준비해두면 최소한 당신에 대한 이야기의 전체적인 히스토리를 전달할 수 있는 준비는 할 수 있을 것이다.

- 자기 소개 : 자신을 소개해 주시기 바랍니다.
- 강약점 : 당신의 강점과 약점은 무엇입니까?

- 경력 사항 : 당신의 경력 사항에 대해서 말씀해 주시겠습니까?
- 이직 이유 : 왜 이직을 하려고 하십니까?
- 이직 후 계획 : 어떻게 일할 계획이십니까?

이 5개의 핵심 질문은 면접관이 당신으로부터 어떤 정보를 얻기 위함이고, 당신은 어떤 정보를 전달할 수 있는지 표를 통하여 조금 더 구체적으로 알아보자.

질 문 \ 내 용	면접관이 원하는 정보	당신이 전달할 수 있는 정보
자기 소개	당신에 대한 가장 기본적인 정보	경력을 바탕으로 한 당신에 대한 가장 기본적인 정보
강약점	경력 외적으로 당신에 대한 정보	업무 외적으로 당신이 어떤 사람인지, 그리고 지원 회사에 잘 적응할 수 있는 사람인지
경력 사항	경력을 바탕으로 한 당신에 대한 정보	당신이 어떤 경력을 가지고 있고, 그것을 바탕으로 무엇을 해보았는지를 설명
이직 이유	당신이 이직을 하는 이유	회사를 떠나는 이유, 지원 회사를 선택한 이유 등을 바탕으로 이직 이유를 설명
이직 후 계획	당신이 어떻게 일할 수 있는지	앞에서 설명한 경력 사항과 강약점을 바탕으로 당신이 무엇을 할 수 있는지

그럼 여기에서 한 가지만 더 생각을 해보자. 면접관은 어떤 방법으로 질문거리를 만들어 내는 것일까? 물론 면접관도 사전에 특정 질문을 마련해놓고 면접을 준비하기도 하겠지만, 가장 기본이 되는 것은 바로 지원자가 제출한 이력서와 자기 소개서가 될 것이다. 그러니까 면접의 모든 질문과 답변은 바로 당신이 제출한 이력서와 직무 기술서, 경력 소개서 안에 들어 있다는 뜻이 된다.

따라서 면접관의 입장에서 궁금해 할 만한 거리를 당신이 제출한 문서 안에서 찾아내는 작업을 해야 한다. 앞에서 설명한 직무 기술서의 내용을 다시 보면서 질문거리를 한번 찾아보도록 하자.

직무 기술서

세창기업

저는 지난 2002년 3월 세창기업의 마케팅 부서에 입사하여 지금까지 생활용품에 집중한 브랜드 마케팅을 담당하여 왔습니다. 처음에는 ○○브랜드를 재포지셔닝하기 위한 목적으로 신규 라인업과 마케팅 활동에 집중하였습니다. 그 결과 기존에 5%대를 유지하던 M/S를 2006년 이후부터 7%로 성장시킬 수 있었습니다. 이와 더불어서 국내 할인점 및 대리점으로의 판매 채널 구축 위한 BTB 업무도 함께 진행하여 탄탄한 브랜드 유통망을 구축할 수 있었습니다.

- 마케팅이란 무엇인지 자신만의 언어로 정의를 내려 보시기 바랍니다.
- ○○브랜드를 재포지셔닝한 이유는 무엇입니까?

- ○○브랜드에 대한 마케팅 활동이란 구체적으로 어떤 것들입니까?
- BTB 업무를 진행한 과정에 대해서 말씀해 주시기 바랍니다.
- 생활 용품 시장에 대한 트랜드에는 어떤 것이 있겠습니까?

억지로 머리를 짜내서 생각해보지 않아도 이 정도의 질문거리를 찾아낼 수 있다. 그럼 이 질문에 대한 답변을 애초에 모두 직무 기술서에 담으면 되지 않냐고? 그래도 좋다. 하지만 직무 기술서를 포함한 입사 지원서는 읽는 사람을 고려하여 분량까지도 생각을 해주어야만 하는 문서이다. 또한 당신이 아무리 구체적으로 직무 기술서, 이력서 등을 작성한다고 해도 면접관은 거기에서 또 다른 새로운 질문거리를 찾아내고 말 것이다. 그게 그들이 해야 하는 일이니까.

기업에서는 준비된 사람을 원한다. 이력서와 직무 기술서, 경력 소개서 등을 제출하고, 이직을 준비하고 있다는 것은 언제든지 면접을 요청해도 받아들일 준비가 100% 되었을 거라고 지원 회사에서는 생각을 한다. 실제로 경력자 이직의 경우에는 갑작스럽게 면접 제안을 받는 경우가 많다. 이력서를 제출한 바로 다음 날 면접을 제의하기도 하고, 제출한지 한 달이 넘어서 포기하려는 시기에 갑작스럽게 면접을 제의하기도 한다. 그만큼 당신이 언제든지 준비가 되었을 거라고 믿는 것이다.

Are you ready?

셀프 길라잡이   예상 문제를 뽑아라

가장 기본이 되는 5개의 질문에 대한 답변을 준비해보자. :

당신이 제출한 이력서, 직무 기술서, 경력 소개서를 분석하면서 질문
거리를 찾아보자. :

③ 면접에 따라 변하라

경력으로 이직을 하는 상황이면 일대다(면접자는 한 명이고 면접관이 많은 경우) 면접이나 다대다(면접자도 많고 면접관도 많은 경우) 면접보다는 일대일 면접으로 영어 면접이 진행될 가능성이 높다. 면접관도 한 명이고 나도 한 명이니까 상당히 진솔한 대화를 나눌 수 있다. 다소 실수가 있더라도 자연스럽게 넘어갈 수 있다는 장점도 있고, 때로는 개인적인 대화를 나눌 수도 있다. 면접관은 나만 바라보게 된다. 나 말고 이야기를 들어줄 수 있는 다른 지원자가 없으니까. 따라서 면접관의 시선을 집중시키기 위한 노력보다는 답변의 질에 더 신경을 쓰면 되겠다.

하지만 일대일 면접의 경우에는 소요시간을 예측하기 어렵다는 단점이 있다. 사전에 지원 회사에서 10~20분 정도의 면접을 진행한다고 예정을 했지만 실제로 진행을 하다 보면 1시간이 훌쩍 넘어가게 되는 경우도 발생한다. 적당한 선에서 답변을 준비했는데 면접관이 당신을 마음에 들어해서 이것저것 마구 묻게 된다면 당신은 사전에 준비한 것 이상을 즉석에서 만들어 내야만 할 것이다. 반대로 지원자에게 별로 관심이 없을 경우에는 예정된 시간보다 훨씬 더 짧은 시간 안에 면접을 마치기도 한다.

최근에는 경력자 공채도 많기 때문에 다대다 면접에 대한 대비도 필요하다. 다대다 면접의 경우에는 면접자도 많고, 면접관도 많아서 시선이 분산되게 된다. 이러한 상황에서 당신에게만 관심을 보여달라고 하는 것은 쉬운 일이 아니다. 또한 본인에게 주어지는 시간과 분량이 한정되어 있기 때문에 단 한번 주어진 질문에 올바른 답변을 하지 않으면 재차 답변의 기회를 요청하기가 쉽지 않다.

또한 일반 면접 중간에 갑작스럽게 영어 면접으로 돌변하는 경우도 있다. 질문을 던지고 그것을 영어로 답변하라고 하는 경우도 있고, 한국어로 답변한 것을 다시 영어로 바꾸어 보라고 요구하는 경우도 있다. 언제 어디에서 영어로 묻는 질문이 나올지 모르기 때문에 여러 면접의 상황에 대한 이해가 필요한 것이며, 사전에 영어 면접이 어떤 방식으로 진행이 되는지를 반드시 알아볼 필요가 있는 것이다.

비단 면접의 방식뿐만이 아니라 면접관에 따라서도 당신이 준비해야만 하는 답변이 달라진다. 다음의 표를 보면서 상세하게 알아보도록 하자.

〈면접관에 따른 질문의 유형과 답변〉

면 접 관	질　　　문	답　　　변
실무진	주로 경력 사항에 중점을 둔 질문들	상세한 경력 사항에 대한 설명을 바탕으로 당신의 능력과 자질을 전달
임　　원	지원자의 이직 이유, 이직 후 계획, 회사에 대한 관심, 기본적인 자질	당신이 지원 회사에 적합한 지원자인지, 진정으로 지원 회사를 원하는지, 이직 후에 당신이 하고자 하는 일에 대한 계획이 있는지
대행 기관	단순한 영어 실력을 테스트할 수 있는 질문들	업무상 영어를 자연스럽게 구사할 수 있는 지원자라는 점을 강조

실무진으로 구성된 면접관은 당신이 지원 회사에서 필요로 하는 일에 대한 경험이 있는지를 알아보게 될 것이다. 임원진은 당신이라

는 사람 자체가 자기네 회사에 맞는 사람인지를 파악하려고 노력할 것이다. 반면에 외국어 학원 등이 대행하는 영어 면접의 경우에는 지원자가 영어를 어느 정도나 할 수 있는지를 알아보려는 목적으로 면접을 진행하게 된다. 따라서 이런 경우에는 경력이나 기본적인 자질보다는 신변잡기적인 질문들이 주를 이루게 될 가능성이 높다.

하지만 대행 기관 등에서 진행하는 영어 면접이라고 할지라도 대행 기관의 성격에 따라서 그 유형이 다를 수 있다. 필자가 대행하는 영어 면접의 경우에는 실무진이나 임원들이 궁금해 할 만한 모든 질문을 포함하기 때문에, 일반적인 영어 실력을 테스트하는 그 이상의 질문들로 구성이 되어 있다. 단순하게 일상적인 대화만 할 것이라 생각하고 면접에 임하는 지원자들은 좋은 점수를 얻지 못할 것이다.

또한 일반적으로 면접을 볼 때 대행 기관 등을 방문하게 되면 지원자는 다소 긴장을 풀게 된다. 지원 회사에서 직접 보는 면접이 아니기 때문에 다소 안일한 태도로 면접에 임하는 지원자들도 많다. 하지만 면접에 임하는 이러한 당신의 모든 태도가 점수에 포함이 되고, 지원 회사에게도 전달이 된다. 면접관도 사람인지라 당신의 안일하고 성의 없는 태도는 반드시 점수에 반영이 되며, 결국에 그것은 당신이 면접의 다음 단계로 넘어가는 데 큰 지장을 초래할 것이다.

어떤 방식의 면접에 임하는가, 그리고 누구와 함께 면접을 하는가에 따라서 당신이 준비해야 할 것들이 이렇게 다르다. 실무진과 면접을 하는데 임원진들이 궁금해 할 만한 것을 위주로 영어 면접을 대비하게 된다면 당연히 좋은 결과를 얻을 수 없을 것이다. 또한 다대다 면접에서 순발력을 발휘하지 못해서 자신에게 주어진 기회를 놓치게 된다면 상대적으로 다른 지원자들에 비하여 좋은 점수를 얻지 못하게 될 것이다.

철저하게 준비해서 손해가 될 것은 없지 않겠는가?

   면접에 따라 변하라

실무진이 물어볼 가능성이 있는 질문 예상하기 :

임원진이 물어볼 가능성이 있는 질문 예상하기 :

대행 기관에서 물어볼 가능성이 있는 질문 예상하기 :

④ 업무상 자주 사용하는 단어는 기본이다

　필자는 신입과 경력 모두를 대상으로 영어 면접을 대행하고 있는데, 이 두 그룹의 답변에서 발견할 수 있는 가장 큰 차이점은 당연히 경력 사항의 유무이다. 경력 사항이 있고 없고는 지원자의 자격이 신입인지 경력인지를 판가름해준다. 그런데 경력임에도, 이력서에 버젓이 경력 사항이 존재함에도 불구하고 경력 사항을 원활하게 전달하지 못하는 경우들이 생각보다 많다. 그 이유는 바로 필드에서 사용하고 있는 단어에 익숙하지 못하기 때문이다.

　사실 영어 면접을 긴 시간 동안 준비할 수 있다면 누구든지 좋은 답변을 전달할 수 있다. 하지만 언제 이직을 할지 결정하기도 쉽지 않은 이 마당에, 그것도 업무로 바쁜 당신이 영어 면접을 미리 미리 준비해 둘 만한 시간이 있겠는가? 어차피 단기간에 준비를 해야 한다면 거기에 맞는 전략을 세워둘 필요가 있는데, 그 전략이란 바로 단어를 습득하는 것이다.

　영어는 단어를 알아야지만 좋은 문장을 구성할 수 있다. 그런데 여기에서 말하는 단어는 단순한 단어가 아니라 당신이 업무에서 사용하고 있는 단어를 말한다. 업무상 사용하는 특정한 용어가 될 수도 있고, 일반인이 들으면 전혀 알 수 없는 약어가 될 수도 있다. 이런 용어나 약어는 문서로 작성하는 것과 차이가 있을 수 있는데, 그 이유는 그러한 단어들이 현장에서 활용하기 쉽게 만들어진 경우가 많기 때문이다. 따라서 이러한 단어들은 그 일을 직접 해보지 못한 사람이 쉽게 파악하기 어렵고, 들어도 무슨 뜻인지를 알아내지 못한다. 하지만 그 분야에서 일하는 사람들은 척하면 딱이다. 자신들이 지금 하고 있는 일이니까. 따라서 이러한 단어들을 미리 알아두게 되면 문장을 만들기가 상당히 쉬워지며, 경우에 따라서는 완벽한 문장이 아니더라도 효과적인 메시지를 전달할 수 있다.

비단 업무상 사용하는 용어와 약어뿐만이 아니라 직급이나 부서, 회사명 등에도 익숙해져야 한다. 경력 사항을 설명하기 위해서는 이러한 단어들이 포함될 수밖에 없다. 거래처나 관계사, 협력사 등의 이름을 알지 못한다면 자신이 전하고자 하는 메시지를 효과적으로 전달하지 못하게 될 것이다. 또한 현재 자신의 직급이 무엇인지, 지원 회사에서 자신이 맡게 될 직급은 무엇인지, position의 이름은 무엇인지 등을 알지 못한다면 그 작은 단어 하나 때문에 문장 전체가 힘을 얻지 못하게 될 가능성이 높다.

한 가지 팁을 주겠다. 현재 자신이 사용하고 있는 명함 뒷면을 보자. 거기에 영문으로 된 당신에 대한 정보가 있을 것이다. 당신의 회사명, 부서명, 직급명 등이 모두 영문으로 나와 있을 것이다. 현재 자신이 일하고 있는 회사의 영문 이름이 무엇인지도 모르는 지원자들도 있다. 회사에 대한 관심도나 애정이 떨어지는 지원자라는 느낌을 줄 수 있기 때문에 최소한의 정보는 알고 면접에 임해야 하겠다.

조금 더 시간을 투자하고 싶다면 당신의 회사와 지원 회사의 홈페이지를 방문하여 영문으로 된 페이지를 열어보자. 명함에 나와 있는 이상의 가치 있는 정보를 얻을 수 있을 것이다. 제품이나 사업, 프로젝트, 연혁, 기업 목표, 가치, 철학 등 기업이 전달하고자 하는 모든 것에 대한 내용을 영문으로 알아볼 수 있다.

또한 숫자도 중요하다. 실적을 표현하거나 연도, 날짜, % 등을 표현하기 위해서는 정확한 숫자 전달법도 익혀둘 필요가 있다. 숫자는 보다 정확한 메시지를 전달하기 위하여 활용하게 되는 것인데, 이

숫자가 정확하게 전달되지 못한다면 아예 활용을 하지 않는 것이 나을 것이다.

사전을 찾아보지 말고, 업무에서 영어를 자주 사용하는 부서에 있거나, 그러한 업무를 하는 동료들에게 자문을 구해보는 것이 좋을 것이다. 앞에서도 언급을 했지만 실제 필드에서 활용하고 있는 단어들은 일반적으로는 알아낼 수 없는 것들이 많기 때문이다.

업무상 자주 사용하는 단어는 기본이다

자신의 직급, 부서, 회사명을 영어로 알아보자. :

지원 회사의 영문 홈페이지를 방문하여 중요한 내용들을 영어로 찾아보자. :

업무상 가장 자주 사용하는 단어 10개만 영어로 표현해보자. :

⑤ 질문을 이해하라

몇 년 전 국내 최고의 증권 회사에서 외국계 금융 회사로 이직을 준비했던 고 과장의 일화를 먼저 소개하겠다. 고 과장은 스펙 면에서는 최고였다. 경력 사항, 자질, 인성 등 모든 면에서 완벽한 지원자였다. 고 과장은 지원 회사의 아시아 지역 본부장과 영어 면접을 준비하고 있었는데 상당히 적극적이었고, 컨설팅에 임하는 자세에 있어서도 개방적이었다. 비록 2주간의 짧은 시간이었지만 정말로 열심히 준비를 했었기에 고 과장도 필자도 그만큼의 기대를 하고 있었다. 하지만 결과는 좋지 않았다. 이유는 고 과장이 아시아 지역 본부장의 질문을 이해하지 못했기 때문이었다.

면접을 준비함에 있어서 한 가지 놓친 것이 있었는데 그것은 바로 그 본부장이 그냥 미국인이 아니라 영국계 미국인이라는 사실이었다. 고 과장의 머릿속에 모든 질문에 대한 답변은 들어 있었는데 도대체 무슨 질문을 하는 것인지 알아들을 수가 없었다. 고 과장이 평소에 배운 영어는 미국식 영어였기 때문에 한 번도 접해보지 못한 영국식 영어 발음을 이해하기 어려웠다. 계속 천천히 질문해 달라고 요청했지만 무엇을 묻는지 들리지가 않았기 때문에 거기에 맞는 답변을 하기가 어려웠고, 질문에 맞지도 않는 엉뚱한 답변만을 늘어놓고 말았다. 끝까지 자신감을 잃지 않으려고 노력했지만 역시 결과는 좋지 않았다.

2주 안에 영국식 영어에 대한 모든 것을 마스터할 수는 없다. 하지만 접근을 달리하여 처음부터 준비를 했었다면 최소한 면접에서 나올 수 있는 질문을 예상하여 영국식 발음으로 이해하는 연습을 함께 수행할 수 있었을 것이고, 좋은 결과를 얻을 수도 있었을지 모른다.

단순하게 답변만 준비한다고 해서 면접에서 좋은 결과를 가져올 수 없다는 것을 여실히 보여주는 사례이다.

질문을 제대로 이해해야만 하는 이유는 또 있다. 그것은 지원자가 준비한 대로만 면접관이 물어보지 않는다는 데에서 찾을 수 있다. 예를 들어서 조금 더 쉽게 설명을 해보겠다.

면접관이 성격에 대한 질문을 한다고 해보자.
- 본인은 어떤 성격입니까?
- 성격의 장단점을 설명해 주시기 바랍니다.
- 내세울 만한 점과 보완해야 하는 점은?
- 자신이 어떤 사람인지 말씀해 주시기 바랍니다.

아마도 위와 같이 다른 종류의 질문을 활용해 볼 수 있을 것이다. 질문은 분명히 다르지만 면접관이 얻고자 하는 메시지는 거의 비슷하다. 당연히 면접자가 전달할 수 있는 메시지에도 큰 차이는 없을 것이다. 이것이 영어로 바뀐다면 상황은 전혀 달라진다.

일반적으로 우리는 영어 면접을 준비할 때 답변을 만드는 것에만 너무 치우쳐서 다양한 질문에 대한 대비를 하지 못한다. 답변과 함께 질문에 대비할 때에도 한두 가지 질문만을 만들어서 연습하기 때문에 조금만 다른 형태로 물어봐도 당황하는 경우가 생기곤 한다. 그럴 수밖에 없는 것이, 분명히 내가 연습할 때 만들어 놓은 질문과 비슷하기는 한데 조금 다른 식으로 물어보기 때문에 준비한 답변이 이 상황에 맞는지 아닌지를 순간적으로 파악하기 어렵다. 최악의 경우에는 질문 자체를 이해하지 못할 수도 있고, 질문에 엉뚱한 답변을 전달하는 경우도 있다. 분명히 그 질문에 맞는 최고의 답변을 준비했음에도 불구하고 조금 뒤틀린 질문을 이해하지 못해서 답변을 전달하지 못하게 되는 것이다.

- How would you describe your personality? (당신의 성격을 설명해 주시겠습니까?)
- Tell me about your personality traits. (당신의 성격에 대해서 말씀해 주세요.)
- Tell us about your strengths and weaknesses. (당신의 강점들과 약점들에 대해서 말씀해 주세요.)
- Where do you think your strength and weakness lie? (당신의 강점과 약점은 어디에 있다고 보십니까?)
- In which area do you need to make the improvement in? (어떤 부분을 더 향상시킬 필요가 있다고 보십니까?)

성격에 대한 질문들을 영어로 한번 바꾸어 보았다. 질문이 조금만 길어지거나 꼬아지게 되면 전혀 다른 질문으로 들릴 수 있다. 지금 당신은 질문들을 글로 읽고 있어서 비교가 쉬울 수 있지만, 면접에서는 귀로 듣기 때문에 지금보다 2배 이상은 파악하기가 어렵다는 점을 알아야 한다.

두 가지 서로 다른 사례이지만, 질문 자체를 이해하지 못하여 답변을 하지 못했다는 결론은 같다. 뭘 묻는지를 정확하게 알아야만 당신이 열심히 준비한 답변을 전달할 수 있을 것이며, 그 답변을 통하여 당신의 경쟁력을 알려줄 수 있을 것이다.

자기 소개에 대한 질문을 여러 버전으로 만들어 보자.(한글로 먼저 준비) :

경력 사항에 대한 질문을 여러 버전으로 만들어 보자.(한글로 먼저 준비) :

3장

떠난 후

지금까지 정말로 많은 과정을 통하여 당신은 이직을 준비하였다. 그리고 다니고 있던 회사를 떠나서 새로운 직장에서 근무할 기대에 부풀어 있다. 하지만 아직 끝난 것은 아니다. 떠나기 전과 떠나는 중에 준비해야 하는 만큼을 당신은 떠난 후를 위해서도 준비해야 하기 때문이다.

떠난 후를 위해서 준비해야 할 것은 크게 2가지로 나누어 볼 수 있는데 그 하나는 매너이며, 다른 하나는 또 떠날 것에 대한 준비이다. 매너는 당신이 떠난 회사에 적용할 수 있는 것이며, 또 떠날 것에 대한 준비는 당연히 당신의 미래에 적용할 수 있는 것이다.

항상 마무리가 깔끔해야 한다. '유종의 미'라는 말도 있지 않는가? 끝이 좋지 않으면 과정도 의심을 받게 된다. 정말로 열심히 일한 당신의 모든 것에 좋지 않은 영향을 끼치게 될 수도 있다는 뜻이다.

그리고 또 다음 번의 움직임에 대비할 필요도 있다. 앞의 여러 번의 통계에서도 보았듯이 한번 회사를 옮기고 짧은 기간 내에 또 회사를 옮기게 되는 경우도 많다. 물론 그러한 과정을 겪지 않기 위해서 지금까지 이 많은 것들을 준비하기는 했지만, 어찌 앞날을 알 수 있겠는가? 단기간 내에 떠나지 않는다면 오히려 더 많은 준비가 필요할 수 있다. 그 이유는 한 회사에 정착해서 일하는 만큼 또 당신과 당신의 주변 상황은 변화할 것이기 때문이다. 틈틈이 준비를 해두지 않는다면 몇 년 후 지금과 같은 과정을 다시 처음부터 겪어야만 할 것이다.

떠난 이후에도 뒤를 돌아보기 바란다. 앞만 보고 달려가도 쉽지 않은 세상인 것은 안다. 계속해서 뒤만 바라보라는 것은 아니다. 당신 정면에 백미러를 설치해 놓고 뒤에서 어떤 일이 벌어지고 있는지 수시로 확인을 하기 바란다. 당신이 미처 챙기지 못한 것을 발견하면 그때 뒤를 돌아보면 된다. 그리고 그럴 일이 없으면 그냥 앞을 보고 가라.

1

아름답게
떠나라

1장에서 알아본 당신이 이직하려는 진짜 이유가 이전 회사에 대한 부정적인 이유일 수 있다. 업무적으로 혹은 업무 외적으로 이전 회사에 정이 뚝 떨어졌을 수도 있다. 하지만 당신은 경력자 아닌가? 앞으로도 계속해서 직장 생활을 할 사람들이지 않는가? 그리고 당신은 이미 그 회사를 떠났지 않았는가? 계속해서 꽁한 마음으로 좋지 않은 감정을 가지고서는 새로운 환경에서도 능률적으로 업무를 할 수 없을 것이다. 이미 떠난 사람으로서 여유를 가지고 아름다운 모습을 보여주자.

재미있는 이야기를 하나 들려주겠다. 필자가 오래 전에 면접을 할 당시에 압박적인 면접으로 필자를 꽤나 당황하게 했던 면접관이 있었다. 필자의 민감한 약점을 공격하며 날카로운 질문을 던져서 당황하게 만들었는데, 필자의 압박적인 질문에 대한 대응과 속마음을 알아보기 위한 목적이었을 것이다. 아무튼 몇 년의 시간이 지난 후에 그 면접관이 필자가 대행하는 영어 면접의 지원자로 필자를 찾아왔다. 필자는 그 면접관을 한눈에 알아볼 수 있었지만, 그 면접관은 필자를 전혀 알아보지 못했다. 맹세컨대 필자는 이 일을 하면서 면접관의 마음을 충분히 이해하게 된 터라, 그 면접관에 대한 부정적인 이미지를 점수에 적용하지 않았다. 결과도 좋았다.

필자가 이야기하고자 하는 것은 당신이 언제 어디에서 누구를 만나게 될지 모른다는 것이다. 필자 역시 그 면접관을 다시 만나게 될 것이라고는 꿈에도 생각해보지 못했다. 아름답게 떠나지 않은 당신의 부정적인 모습을 기억하는 사람을 다시 만나게 된다면 그 사람과 무슨 일을 하든 간에 원활하게 진행하지 못할 수도 있다는 것을 기억하기 바란다.

특히나 업무를 바탕으로 옮겨가는 이직이기 때문에 비슷한 업종에서 일하게 될 확률이 높고, 몇 명의 사람만 거치면 서로가 서로를 알 수 있게 된다. 이것은 당신도 일을 하면서 충분히 경험해 보았을 거라고 믿는다. 아름답게 떠나지 않은 당신의 모습을 기억하는 몇 명의 사람들이 당신의 이야기를 옮기게 될 것이고, 당신이 일하는 회사를 포함하여 업종 전체에서 당신에 대한 부정적인 이야기가 나돌게 될 수도 있다.

이미 떠났는데 아직도 할 일이 많이 남아 있다고 불평하지 말기 바란다. 마무리를 철저하게 해서 당신의 성공적인 이직을 돕기 위함이니까.

최소한의 매너는 지켜라

이직을 하는 직장인 10명 중에서 9명 이상은 이직시에 매너를 지켰다고 생각한다. 직급 여하를 막론하고 그들은 경력자로서 또한 한 조직의 일원으로서 이직을 할 때 떠난 회사에 최소한의 매너를 지키고 있다고 생각한다.

하지만 남은 사람은 실제로 그렇게 생각하지 않는 경우들이 많아 보인다. 한 사람이 자리를 떠나면 새로운 사람이 그 자리를 차지하게 마련인데, 남은 사람이나 새로 온 사람은 떠난 사람이 남기고 간 업무를 파악하고 처리하는 데 어려움을 겪는 것을 흔히 접할 수 있기 때문이다. 따라서 떠나는 사람이 회사에 해줄 수 있는 가장 중요한 것은 바로 정확한 업무 인수 인계가 될 것이다.

물론 당신의 자리를 차지할 사람도 경력이 있다. 따라서 조금만 시간과 노력을 들이면 당신이 해왔던 것을 파악할 수는 있다. 하지만 새로운 업무와 환경에 빨리 적응을 하기 위해서는 누군가가 지금까지 해온 것을 정확하게 알려 주는 것이 더 효과적이다. 입장을 바꾸어 생각해보면 당신이 지원하는 회사에서도 누군가가 그 자리를 떠났기 때문에 당신이 움직일 수 있는 것일 수도 있다. 그렇다면 당신도 새로운 직장에서 당신의 일을 파악하기 위해서 노력할 것이고, 그 회사를 떠난 사람이 제대로 된 인수 인계 없이 떠났다면 당신 역시 곤란에 빠지게 될 수 있다. 최소한의 매너는 지켜주자.

또한 당신이 새로운 곳으로 떠나게 되었다면 사전에 충분한 시간을 갖고 알려주기 바란다. 물론 정확하게 움직이는 시기를 모르게 될 수도 있지만, 이것은 당신이 지원 회사와 협의를 통하여 결정할 수 있는 문제이다. 떠나는 당신은 기분이 마냥 좋아서 설렐 수 있지만 당신이 갑작스럽게 떠난 자리가 적절한 시기에 채워지지 않는다면 당신의 이전 회사는 업무상 차질을 빚게 될 수 있다. 1장에서 당신이 얼마나 중요한 일을 하고 있다는 것을 파악하지 않았는가? 그 중요한 일을 하고 있던 당신이 갑자기 빠져버리고 잠시 동안 아무도 그 일을 하지 못한다고 생각해보라. 회사의 업무가 제대로 돌아갈 수 있겠는가?

떠난 후에 이전 회사에 대한 기밀을 유지하는 것도 중요할 것이다. 당신이 지원 회사에 전달해야 할 것은 당신의 능력과 자질, 노하우이지 이전 회사의 사업상 중요한 기밀이 아니다. 회사는 당신이라는 사람을 인재로 키워준 곳이다. 아무것도 모르던 당신을 열심히 키워서 지금의 당신으로 만들었다. 이제 당신은 당신의 업무에서 나름대로의 노하우를 갖추게 되었다. 이 정도로 큰 당신이 떠난다는 것만으로, 그리고 당신을 다른 회사에 빼앗긴다는 사실만으로도 가슴 아파할 것이다. 당황할 수도 있고, 배신감을 느낄 수도 있다. 또 당신과 같은 능력과 자질을 갖춘 사람을 찾아야 한다는 수고를 해야만 한다.

감성적으로 접근하여 이전 회사에 대한 도리를 지켜주는 것이 현명한 선택일 것이다.

당신은 떠나는 것을 이전 회사에 미리 알려주었는가? :

당신은 업무 인수 인계를 정확하게 마쳤는가? :

끝까지 좋은 이미지를 남겨라

2장의 '주위 사람들을 관리하라'에서 당신의 주변 사람들을 관리하는 것이 얼마나 중요한지를 알아보았다. 이직을 하는 경력자들이 떠난 이후에 생각하는 가장 중요한 사항 중 하나가 바로 자신에 대한 좋은 이미지를 남기는 것이다.

당신이 바로 앞에서 나온 최소한의 매너를 지키지 않아서 좋은 이미지를 주지 못하고 떠나게 되었다고 가정해보자. 지원 회사에서 당신에 대한 reference, 즉 평판을 조회하게 된다면 당신에 대한 긍정적인 의견을 내는 사람은 없을 것이다. 지원 회사에서는 reference를 통하여 당신이 회사를 떠나는 이유는 물론이고, 당신의 업무 스타일과 떠날 때 최소한의 매너를 지켰는지까지도 알아낼 수 있다는 점을 명심하자.

물론 reference는 다분히 주관적인 견해일 수 있으며, 상황에 따라서 다르게 표현이 될 수 있다. 또한 원래부터 당신과 사이가 좋지 않은 사람들에게 당신은 어떻게 해도 좋은 지원자가 아닐 수 있다. 지원 회사에서도 이러한 reference를 그대로 받아들이지 않는다. 하지만 당신이 회사를 떠난 후에 나오는 reference를 통해서는 많은 것을 얻을 수 있다고 한다. 아름다운 모습으로 떠나는 것은 비단 이전 회사뿐만 아니라 현재 당신의 회사에도 긍정적인 이미지를 전달해 줄 수 있는 것이다. 따라서 이전 회사에 도저히 그렇게 하지 못하겠다고 생각하면 이기적인 마음으로 당신 자신을 위해서라도 아름답게 떠날 것을 권유하는 바이다.

마지막 인사도 잊지 말아야 한다. 그 동안 당신에게 도움을 주었던 많은 사람들에게 고맙다는 인사와 떠난다는 말을 반드시 남겨라. 최소한의 예의를 지켜야 한다. 비록 당신보다 직급이 낮은 직원들이라고 할지라도 당신과 함께 열심히 일했던 사람들임을 생각하여 감사의 말을 전하도록 하자. 또한 거래처나 협력사, 관계사 등에도 당신이 다른 곳으로 떠났다는 것을 알려야 한다. 당신과 함께 일해왔던 사람들이기도 하고, 그들이 앞으로 당신을 찾지 않도록 하기 위함이기도 하다. 경우에 따라서는 회사를 옮긴 이후에도 또 동일한 거래처나 협력사, 관계사와 일하게 될 수도 있다. 한번 맺은 인연이 계속 될 수도 있다는 점을 알아두기 바란다.

당신은 좋은 이미지를 남기면서 떠났는가? :

당신은 마지막 인사를 하고 떠났는가? :

2
감을
잃지 마라

이제 당신은 완벽하게 떠났다. 앞으로 해야 할 일은 새로운 업무와 사람들, 환경에 대한 적응이 될 것이다. 이직을 경험한 직장인들은 이직 후 전보다 만족하지 못할 경우에 느끼게 될 좌절감과 새로운 환경에 적응을 해야 한다는 막막함, 그리고 이에 따르는 정신적인 불안감과 빠른 시간 안에 강한 인상을 주어야 한다는 중압감 등으로 많은 고민을 하고 있다. 물론 우리는 지금까지 이러한 심리적인 고민을 갖지 않기 위하여 많은 것을 알아보았기 때문에 상대적으로 더 쉽고 빠르게 적응을 하면서 당신의 실력을 펼쳐 보일 수 있을 거라고 믿어 의심치 않는다.

이직한 당신은 일정 기간 동안 회사의 관심을 받게 될 것이다. 하지만 너무 조급해 할 필요는 없다. 욕심이 큰 만큼 부담감이 커질 것이고, 당신이 원래 일하던 페이스를 잃어 버릴 가능성이 있다. 모를 때는 도움을 청하라. 당신이 경력자인 것은 맞지만 지금은 새로운 환경에서 새로운 일과 사람들을 접하는 중이다. 당연히 모르는 것이 많을 수 있다. 부장으로 이직한 당신이지만 새로운 회사의 업무는 대리보다 모를 수도 있다. 전혀 부끄러운 일이 아니다. 당신에게는 부장이라는 직급에 맞는 능력과 배경이 있기 때문에, 잘 모르는 부분만 끼워 맞추면 금방 정상적인 궤도에 들어설 수 있다.

조직 문화도 자연스럽게 흡수하기 위한 노력이 필요하다. 당신은 뛰어난 사람이지만 조직의 일원일 뿐이다. 그리고 당신이 새로 들어선 조직은 이전 직장과는 다른 문화를 가지고 있다. 다른 나라의 언어나 사람을 이해하려면 문화를 먼저 이해하라고 영어 면접에서 설명하였다. 마찬가지이다. 코를 만지는 것이 욕설이 되는 나라도 있다. 가운데 손가락을 펴 보이는 행동이 최고의 찬사인 나라도 있다. 내가 이전 직장에서 해왔던 행동들이 새로운 직장에서는 거슬리는 행동일 수 있다. 혹은 그 반대일 수도 있다.

마지막으로 성공이라는 함정도 조심해야 할 것이다. 이직에 성공했다는, 연봉을 올렸다는, 그리고 능력을 인정받았다는 생각들로 인하여 보상 심리가 작용하게 될 가능성도 있다. 빠른 시간 내에 뛰어난 실적을 보이게 된다면 이러한 생각들은 더 커질 수 있다. 하지만 당신은 원래부터 있던 인원이 아니라 새로 든 사람임을 기억해야 한다. 성공이라는 단어는 당신이 다음 번에 이직할 때를 위하여 잠시 아껴두기 바란다.

이 책은 이직의 기술에 대해서 알아보는 책이다. 따라서 이직 후의 이야기 역시 철저하게 이직이라는 것에 초점을 맞추도록 하겠다. 그런 측면에서 당신이 앞으로 더 준비해야 할 것은 다음 번 움직임에 대한 대비가 되겠다. 바로 1년 후가 될 수도 있고, 더 먼 훗날이 될 수도 있다.

당신들은 바쁘기 때문에 따로 시간을 들여서 이직을 위한 모든 것을 준비하기가 쉽지 않다. 따라서 지금까지 알아본 것을 잊지 않으려는 노력이 필요할 것인데, 이것 역시 쉽지 않을 것으로 보인다. 왜냐하면 흘러가는 시간을 막을 수는 없기 때문이다. 지금부터 변화하게 될 모든 것을 부정한다는 것은 어렵고, 이 변화에 일일이 적응을 하면서 사는 것은 더더욱 어려울 것이다. 하지만 최소한의 준비를 해두게 되면 나중에 변화에 적응하기가 훨씬 수월해질 수 있다. 그 최소한의 준비란 바로 당신의 경력을 수시로 업데이트하고, 지금의 느낌을 기억할 수 있는 한 많이 기억해 두는 것이다. 그리고 계속해서 당신 자신을 분석하고 계발하는 것이다.

지금 이 경험을 기억하라

필자는 기억력이 좋지 않아서 학창 시절 암기 과목에서는 항상 좋지 못한 점수를 받았었다. 남들이 1~2번 읽으면 외울 수 있는 분량도 필자는 5~6번을 읽어야만 외울 수가 있었고, 그렇게 외운 것들도 일정 시간이 지나면 자연스럽게 머릿속에서 잊혀져만 갔다. 그래서 필자는 무조건 암기를 하기보다는 그 상황을 자연스럽게 이해하고, 그 이해한 것에 대한 느낌을 기억하였다. 다행스럽게도 필자는 이해력은 좋았다.

항상 정신이 없고, 신경 쓸 일이 많은 당신들에게도 이와 같은 방법을 권해주고 싶다. 앞에서 알아본 모든 과정을 그냥 그렇다는 사실로 기억하지 말고, 왜 그래야만 하는지를 이해했으면 좋겠다. 무작정 이직을 하려는 진짜 이유를 찾아내지 말고 왜 진짜 이유를 찾아내야 하는지 이해하고, 변화된 취업 환경을 억지로 받아들이려고 하지 말고 왜 그래야만 하는지를 자연스럽게 이해해야 한다. 그래야만 당신이 지금까지 알아온 모든 것들이 오랫동안 머릿속에 남아 있게 될 것이니까.

느낌을 기억하는 것 역시 중요하다. 이직 후에 새로운 일과 사람들, 환경 속에서 경험하게 될 모든 것에 대한 느낌을 기억해두기 바란다. 당신이 얼마나 열심히 일했고, 고생했고, 노력했고, 좌절했고, 자존심 상했고, 칭찬을 받았고, 성공을 했는지를 그때의 느낌을 통하여 기억해내기 바란다. 그 당시의 기억이나 느낌은 시간이 지나면 자연스럽게 잊혀질 수 있다. 따라서 메모를 해두거나 어떤 방법을 동원해서라도 그때 당신이 어떤 것을 느꼈는지 반드시 기억해 낼 수 있는 장치를 마련해두어야 한다. 그렇지 못하면 나중에 당신이 진정으로 열심히 일했는지를 파악하지 못할 것이고, 이력서나 자기 소개서를 작성할 때에도 주관적인 느낌을 싣지 못할 것이다.

지금 이직한 경험을 통하여 기억하고, 앞으로 일어날 일에 대한 느낌을 기록을 통하여 남겨두게 된다면, 당신이 다시 한 번 움직이게 될 때 엄청나게 큰 도움이 될 것이다. 또한 당신의 주변 상황을 이해하는 데 도움을 줄 수 있기 때문에, 바쁜 직장 생활을 하면서도 자연스럽게 당신의 자신과 일, 회사와 환경에 대한 의식이 바뀌게 될 것이다. 앞에서 우리가 알아본 방향처럼 말이다.

   지금 이 경험을 기억하라

당신이 이직하려는 진짜 이유를 찾아야만 하는 이유를 말해보자. :

당신이 변화된 취업 환경에 적응해야만 하는 이유를 말해보자. :

어떤 방법으로 일에 대한 느낌을 기억해둘 것인가? :

이력서와 자기 소개서를 업데이트하라

이력서와 자기 소개서를 업데이트해야만 하는 가장 큰 이유는 기록을 해두지 않으면 잊어버리기 때문이다. 생각을 해보라. 당신이 무슨 일을 언제 어디서 어떻게 했는지를 알아내기 위해서 우리가 지금까지 얼마나 많은 것들을 알아보았는가? 한 가지 정보라도 이력서와 자기 소개서를 통하여 더 전달하고 싶다면 수시로 업데이트를 해두는 것이 좋을 것이다. 시간을 내서 업데이트를 하기가 어렵거나 귀찮다면 그때그때 따로 정리를 해두어도 좋다. 나중에 시간을 내서 그 정보를 취합하여 정리를 해두면 되니까.

또 다른 중요한 이유는 언제 어떻게 당신이 이 이력서와 자기 소개서를 사용하게 될지 모르기 때문이다. 갑작스럽게 좋은 제안이 올 수도 있고, 평소에 원하던 자리가 오픈이 될 수도 있고, 이직하려는 진짜 이유를 찾아내서 다시 움직일 준비를 해야 할 수도 있다. 이직은 자신에게 맞는 타이밍이 중요하기도 하지만 이력서나 자기 소개서를 제출하는 타이밍도 중요하다.

만약 당신의 경쟁자가 항상 준비된 이력서와 자기 소개서를 지원 회사에 먼저 제출하여 면접의 기회를 얻게 된다면 오픈되었던 자리가 금새 누군가에 의하여 막혀버릴 수 있다. 수시 채용의 경우에도 지원 회사가 마음에 드는 사람이 나타나게 되면 채용 공고를 금방 내려버리는 경우도 왕왕 발생한다. 이력서와 자기 소개서를 제때 제출하지 못하게 되면 당신은 최소한의 기회조차도 가져보지 못하는 꼴이 되는 것이다. 얼마나 억울한 상황인가? 당신이 경쟁자보다 훨씬 더 훌륭하고 적합한 지원자일 수도 있는데 말이다.

　이력서와 자기 소개서를 업데이트하기 위해서는 바로 앞에서 알아본 그 당시의 느낌을 기억하는 것이 도움이 될 것이다. 그 당시의 느낌을 기억하면서 되도록이면 숫자를 활용하여 업데이트를 하는 것이 좋다. 숫자를 활용하면 다음과 같은 세부적인 사항들을 훨씬 더 상세하게 기록해 둘 수 있을 것이다.

〈업무의 과정과 결과를 통하여 기록할 수 있는 것〉

업무의 과정	업무의 결과
• 업무를 시작하고 완료한 날짜 • 부서 등을 옮긴 경우 정확한 이동 날짜 • 승진을 할 경우에 정확한 날짜 • 몇 개의 고객사를 관리했는지에 대한 정보 • 업무 인수 인계 당시의 상황	• 매출을 증가시킨 정도 • 시장 점유율의 변화 • 본인의 참여도/공헌도 정도 • 결과에 대한 사업의 변화 • 본인 실적에 대한 상세한 기술

　물론 위 표에서 설명하는 것보다 훨씬 많은 업무의 과정과 결과를 숫자로 표현할 수 있다. 우리가 앞에서 모두 알아본 내용들이다. 하지만 이러한 세부적인 사항을 기록해두지 않는다면, 수 년이 흐른 후에 정확한 수치를 기억해내지 못하는 경우들이 많다. 실제로 컨설팅을 해보면 대략적인 수치나 숫자를 어렴풋이 기억하는 경우들이 대부분이다. 하지만 이런 식으로 기억을 해서는 당신이 더 열심히 일한 것을 깎아먹게 될 수도 있다.

　이력서와 자기 소개서를 업데이트 하는 방법에 정답은 없다. 자신에게 맞는 방식을 택하기 바란다. 3개월 혹은 6개월에 한 번씩 이력서와 자기 소개서를 업데이트하거나, 수시로 기록한 내용을 한 달에

한 번씩 추가하여 작성을 하거나, 기억해 놓은 느낌을 시간이 날 때마다 글로 풀어서 주관적인 느낌을 만들어 보자.

이력서와 자기 소개서를 업데이트하라

이력서와 자기 소개서를 업데이트하기 위한 자신만의 방법을 알아보자. :

현재 새롭게 추가된 경력 사항이 있다면 지금 바로 정리해보자. :

미래를 위하여 무엇을 준비하고 있는가?

마지막으로 당신이 해야 할 것은 미래를 준비하는 것이다. 단순하게 미래를 준비하는 것보다는 다시 움직일 것을 대비하여 당신을 수시로 분석해보는 시간을 가져볼 것을 권하고 싶다.

당신은 이번 이직을 통하여 당신을 충분히 분석하여 보았다. 떠나기 전과 떠나는 중에 알아본 모든 내용을 통하여 당신의 경쟁력이 무엇인지 충분히 파악했을 것이다. 또한 당신의 약점은 무엇이고, 앞으로 어떤 점을 더 보완해야 하는지도 충분히 알고 있을 것이라고 믿는다. 면접을 통하여 혹은 이직 후 업무를 통하여 당신은 스스로 이러한 것을 깨달았을 것이다. 그럼 이제부터는 그 부분을 보완하면서 당신의 경쟁력을 더 키울 필요가 있다.

SWOT분석을 통한다면 작업이 훨씬 쉬워질 것이다. 지금 당신의 강점(Strength), 약점(Weakness), 기회(Opportunity), 위협 요소(Threat)가 무엇인지 알아낼 수 있다면 기회를 통하여 강점을 살리고, 약점을 보완하여 위험 요소를 줄여나갈 수 있을 것이다.

또한 꾸준한 자기 계발을 통하여 끊임없이 발전하는 모습을 보여줄 필요가 있다. 자기 계발이 얼마나 중요한 것인지는 이미 언급을 했었다. 앞으로의 이직을 위하여 자신을 계발하고 노력한다면 약점과 위험 요소를 최소화하고, 더 큰 경쟁력을 만들어 낼 수 있을 것이다.

당신의 업무가 늘어나고 경력이 늘어나면서 자연스럽게 예전의 경력들이 축약되기도 하는데, 그것은 과거보다는 현재가 중요한 것이기 때문이기도 하고, 지금의 경력이 예전의 경력보다 훨씬 더 크기 때문이기도 하다. 실제로 이력서와 자기 소개서를 업데이트하다 보면 이러한 사실을 바로 깨달을 수 있을 것이다. 당연하다. 대리 때 했던 일은 신입보다 더 큰 임무일 것이고, 과장 때 이룬 업적은 대리 때의 결과보다 훨씬 더 위대할 것이다. 하지만 꼭 기억해야 할 것은 현재보다 미래가 더 중요하다는 사실이다.

이러한 과정을 거치면서 커리어의 새로운 방향이 생겨나게 되기도 한다. 당신이 앞으로 어떤 과정과 결과를 통하여 커리어를 만들어 갈지는 아무도 모른다. 따라서 기억하고, 기록하고, 분석을 하는 작업을 거치면서 당신이 언제, 어디로, 어떻게, 또 움직여야 하는지에 대한 정답도 알아낼 수 있을 것이다.

미래를 준비하라.

당신은 미래를 위하여 무엇을 준비하고 있는가?

SWOT분석을 통하여 당신의 강점(Strength), 약점(Weakness), 기회(Opportunity), 위협 요소(Threat)가 무엇인지 알아보자. :

미래의 자기 계발 계획에 대해서 작성해 보자. :